Auxiliar de Servicios de la Universidad de Oviedo

Mayo, 2024

Curso

*La diferencia entre aprobar
y sacar plaza*

Auxiliar de Servicios

UNIVERSIDAD DE OVIEDO

Accede a tu **Curso MAD360** y disfruta de los siguientes recursos:

- Técnicas de Memoria 360.
- MADTEST: Test nivel PRO.
- Temario en formato digital.
- Planificación de estudio.
- Foro entre opositores hasta la fecha del examen.*
- Recursos y novedades exclusivas.
- Consulta sobre la oposición y el proceso selectivo.
- Actualizaciones legislativas (Boletines Oficiales) hasta 60 días antes de la fecha del examen.*

Para acceder al Curso MAD360** será necesaria la compra de todos los libros para esta especialidad de la edición 2024.

Valida los códigos que encuentras en la última página de tus libros y disfruta de la experiencia MAD360.

Infórmate en: mad.es/registro-campus

NOTA IMPORTANTE:

* Examen de esta categoría profesional correspondiente a la convocatoria publicada en el BOE núm. 57, de 5 de marzo de 2024, o hasta el 30 de junio del 2025, lo que se cumpla antes.

** El acceso al CURSO MAD360 estará disponible desde mayo de 2024 (algunos recursos podrían estar disponibles en fecha posterior). Tendrá una duración de 365 días, desde la validación de códigos, o hasta el 31 de diciembre del 2025, lo que se cumpla antes.

MAD se reserva el derecho a ampliar dichas fechas.

Auxiliar de Servicios de la Universidad de Oviedo

Test del temario

ELENA GARCÍA FERNÁNDEZ
Licenciada en Derecho

MAGALÍ RIERA ROCA
Licenciada en Derecho

FRANCISCO JESÚS TORRES FONSECA
Licenciado en Derecho

JOSÉ LÓPEZ FALCÓN
Licenciado en Filología. Preparador de oposiciones

© 7 Editores Recursos para la Cualificación Profesional y el Empleo, S.L. (7 Editores)
© Los autores
Primera edición, mayo 2024 (136 páginas)
Derechos de edición reservados a favor de 7 Editores
IMPRESO EN ESPAÑA
Diseño Portada: 7 Editores
Edita: 7 Editores
Avda. San Francisco Javier, 9 · Edificio Sevilla 2 · Planta 11 · Módulos 25-27 · 41018 Sevilla
Teléfono: 954 784 411 · WEB: www.mad.es · e-mail: administracion@7editores.com
ISBN: 978-84-142-8162-8
© "Editorial Mad" y "Eduforma" son nombres comerciales registrados de
7 Editores Recursos para la Cualificación Profesional y el Empleo, S.L.

Índice

TEST N.º 1

La Ley Orgánica 2/2023, de 22 de marzo, del Sistema Universitario. La regulación del sistema universitario español: las funciones del sistema universitario. La creación de las universidades y la organización de las enseñanzas

1. La autonomía universitaria implica:

a) Autonomía normativa.
b) Autonomía política.
c) Autonomía financiera.
d) Todas las respuestas anteriores son correctas.

2. La autonomía universitaria relativa a la elaboración de los planes de estudio, elección del profesorado y relativa a los estudiantes se denomina:

a) Autonomía normativa.
b) Autonomía política.
c) Autonomía financiera.
d) Autonomía académica.

3. La Universidad Nacional de Educación a Distancia:

a) Es una institución que forma parte del sistema universitario español, cuyo objeto fundamental es el desarrollo de actividades académicas no presenciales e híbridas, siendo su ámbito de actuación el conjunto del Estado y aquellos lugares del extranjero donde pueda desarrollar legalmente su actividad.
b) Es una institución que forma parte del sistema universitario español, cuyo objeto fundamental es el desarrollo de actividades académicas siempre presenciales.
c) Es cualquier institución académica que imparta docencia a distancia.
d) Todas las respuestas anteriores son incorrectas.

4. La Universidad Internacional Menéndez Pelayo:

a) Es una institución que forma parte del sistema universitario español, cuyo objeto fundamental es el desarrollo de actividades académicas no presenciales e híbridas, siendo su ámbito de actuación el conjunto del Estado y aquellos lugares del extranjero donde pueda desarrollar legalmente su actividad.

b) Es una institución que forma parte del sistema universitario español, cuyo objeto fundamental es el desarrollo de actividades académicas siempre presenciales.

c) Es una institución que forma parte del sistema universitario español, y que tiene como objeto fundamental la contribución a la generación, divulgación y difusión del conocimiento científico, tecnológico, humanístico y artístico a través de la organización de cursos avanzados y actividades culturales, así como del desarrollo de programas de posgrado y formación a lo largo de la vida.

d) No tiene naturaleza de organismo autónomo adscrito al Ministerio competente en materia de Universidades.

5. Indica la respuesta incorrecta. Los Centros Universitarios de la Defensa:

a) Son adscritos a una universidad pública.

b) Impartirán títulos de grado universitario del sistema educativo general, así como estudios conducentes a la obtención de títulos oficiales de posgrado.

c) Desarrollarán líneas de investigación consideradas de interés en el ámbito de la defensa.

d) Desarrollarán cualquier tipo de investigación vinculada al derecho.

6. Según la nueva Ley de Universidades, la docencia:

a) Siempre será presencial.

b) Será preferentemente presencial, pero podrá impartirse también de manera virtual o híbrida.

c) Será presencial, virtual o híbrida.

d) Excepcionalmente será virtual.

7. Forma parte de la docencia oficial:

a) Títulos de Grado.

b) Másteres Universitarios.

c) Doctorados.

d) Todas las respuestas anteriores son correctas.

8. Las titulaciones oficiales:

a) Solo pueden organizarse por parte de universidades españolas.

b) Podrán organizarse como titulaciones conjuntas entre universidades españolas o entre universidades españolas y extranjeras.

c) No pueden impartirse por docentes extranjeros.

d) Suponen el 100 % de las titulaciones públicas.

9. Las titulaciones propias:

a) Solo pueden organizarse por parte de universidades españolas.
b) Podrán organizarse como titulaciones conjuntas entre universidades españolas o entre universidades españolas y extranjeras.
c) No pueden impartirse por docentes extranjeros.
d) Suponen el 100 % de las titulaciones privadas.

10. Indica la respuesta incorrecta. Los títulos universitarios de carácter oficial:

a) Deberán inscribirse en el Registro de Universidades, Centros y Títulos.
b) La inscripción tendrá efectos constitutivos respecto de la creación de títulos universitarios oficiales.
c) No podrán inscribirse junto con títulos no oficiales a efectos informativos.
d) La inscripción llevará aparejada la consideración inicial de título acreditado a los efectos legal y reglamentariamente establecidos.

11. Indica la respuesta correcta:

a) Las universidades y otros centros de estudios superiores deberán evitar que la denominación o el formato de sus títulos propios puedan inducir a confusión con respecto a los títulos universitarios oficiales.
b) Las universidades deberán informar al estudiantado del carácter oficial o propio de sus títulos.
c) La formación a lo largo de la vida podrá desarrollarse mediante distintas modalidades de enseñanza, incluidas microcredenciales, micromódulos u otros programas de corta duración.
d) Todas las respuestas anteriores son correctas.

12. Indica la respuesta incorrecta. La iniciativa para impartir una enseñanza requiere:

a) Informe preceptivo y favorable sobre la necesidad y viabilidad académica y social de la implantación del título universitario oficial por la Comunidad Autónoma competente.
b) El informe favorable a efectos de la verificación de la calidad de la memoria del plan de estudios por la agencia de calidad correspondiente.
c) La verificación por el Consejo de Universidades del plan de estudios y la autorización de la implantación de este por la indicada Comunidad Autónoma.
d) La verificación por parte del Gobierno de la Universidad.

13. Una vez inscrito el título en el Registro de Universidades, Centros y Títulos, ordenará publicar el plan de estudios en el «Boletín Oficial del Estado» y en el diario oficial de la Comunidad Autónoma competente:

a) El Ministro con competencia en Universidades.
b) El Consejero de Universidades.
c) El Rector.
d) El Decano.

14. Tienen como finalidad la obtención por parte del estudiantado de una formación básica y generalista en una disciplina determinada:

a) Los Grados.
b) Los Másteres.
c) Los Doctorados.
d) Los certificados.

15. Tienen como objetivo la formación avanzada, de carácter especializado temáticamente, o de carácter multidisciplinar o interdisciplinar, dirigida a la especialización académica o profesional, o bien encaminada a la iniciación en tareas de investigación:

a) Los Grados.
b) Los Másteres.
c) Los Doctorados.
d) Los certificados.

16. Tienen como finalidad la adquisición de las competencias y las habilidades concernientes a la investigación dentro de un ámbito del conocimiento científico, técnico, humanístico, artístico o cultural:

a) Los Grados.
b) Los Másteres.
c) Los Doctorados.
d) Los certificados.

17. Las prácticas académicas externas en los estudios de Grado y Máster Universitario constituyen:

a) Un trabajo remunerado.
b) Un trabajo no remunerado.
c) Una actividad de naturaleza plenamente formativa cuya finalidad es la de complementar la formación académica.
d) Un contrato laboral.

18. La docencia y la formación universitarias se estructuran:

a) En la docencia oficial con validez y eficacia en todo el Estado, configurada por los títulos de Grado, Máster Universitario y Doctorado, y, por otra parte, en la articulada en los títulos propios.
b) En la docencia oficial con validez y eficacia en todo el territorio europeo, configurada por los títulos de Grado, Máster Universitario, Doctorado y títulos propios.
c) Únicamente en la docencia oficial con validez y eficacia en todo el Estado, configurada por los títulos de Grado, Máster Universitario y Doctorado.
d) En cualquier tipo de docencia articulada a través de títulos propios de las Universidades con validez y eficacia en todo el territorio europeo.

19. El artículo 8 de la LOSU señala que el Gobierno, mediante Real decreto, establecerá las directrices y condiciones para la obtención y expedición de los títulos universitarios oficiales, previo informe de:

a) El Ministerio competente en materia de Universidades.
b) La Conferencia General de Política Universitaria.
c) El Consejo de Universidades.
d) Las respuestas b) y c) son correctas.

20. Los títulos universitarios serán expedidos, en nombre del Rey, por:

a) El Ministro/a competente en materia de Universidades
b) El Rector o Rectora de la universidad.
c) El Consejo de Universidades.
d) Ninguna respuesta es correcta.

Solución al test n.º 1

1. d) Todas las respuestas anteriores son correctas.

2. d) Autonomía académica.

3. a) Es una institución que forma parte del sistema universitario español, cuyo objeto fundamental es el desarrollo de actividades académicas no presenciales e híbridas, siendo su ámbito de actuación el conjunto del Estado y aquellos lugares del extranjero donde pueda desarrollar legalmente su actividad.

4. c) Es una institución que forma parte del sistema universitario español, y que tiene como objeto fundamental la contribución a la generación, divulgación y difusión del conocimiento científico, tecnológico, humanístico y artístico a través de la organización de cursos avanzados y actividades culturales, así como del desarrollo de programas de posgrado y formación a lo largo de la vida.

5. d) Desarrollarán cualquier tipo de investigación vinculada al derecho.

6. b) Será preferentemente presencial, pero podrá impartirse también de manera virtual o híbrida.

7. d) Todas las respuestas anteriores son correctas.

8. b) Podrán organizarse como titulaciones conjuntas entre universidades españolas o entre universidades españolas y extranjeras.

9. b) Podrán organizarse como titulaciones conjuntas entre universidades españolas o entre universidades españolas y extranjeras.

10. c) No podrán inscribirse junto con títulos no oficiales a efectos informativos.

11. d) Todas las respuestas anteriores son correctas.

12. d) La verificación por parte del Gobierno de la Universidad.

13. c) El Rector.

14. a) Los Grados.

15. b) Los Másteres.

16. c) Los Doctorados.

17. c) Una actividad de naturaleza plenamente formativa cuya finalidad es la de complementar la formación académica.

18. a) En la docencia oficial con validez y eficacia en todo el Estado, configurada por los títulos de Grado, Máster Universitario y Doctorado, y, por otra parte, en la articulada en los títulos propios.

19. d) Las respuestas b) y c) son correctas.

20. b) El Rector o Rectora de la universidad.

TEST N.º 2

El Personal Docente e Investigador en la
Ley Orgánica 2/2023, de 22 de marzo, del Sistema Universitario

1. El procedimiento de acreditación de los cuerpos docentes universitarios garantizará los principios de:

a) Igualdad, mérito, capacidad, legalidad, transparencia e imparcialidad de los miembros de los órganos de acreditación.
b) Objetividad, mérito, capacidad, publicidad, transparencia e imparcialidad de los miembros de los órganos de acreditación.
c) Igualdad, mérito, capacidad, antigüedad, transparencia e imparcialidad de los miembros de los órganos de acreditación.
d) Igualdad, mérito, capacidad, publicidad, transparencia e imparcialidad de los miembros de los órganos de acreditación.

2. El procedimiento de acreditación de los cuerpos docentes universitarios se regulará por:

a) Real decreto del Ministerio con competencia en Universidades, previo informe del Consejo de Universidades.
b) Real decreto del Consejo de Ministros, previo informe del Consejo de Universidades.
c) Real decreto del Consejo de Ministros, previo informe del Ministerio con competencia en Universidades.
d) Real decreto del Consejo de Ministros, previo informe del Consejo de Estado.

3. En los concursos para el acceso a plazas de los cuerpos docentes universitarios solo podrán acceder a dichas plazas profesoras y profesores que hayan prestado, como mínimo:

a) Seis años de servicios efectivos en el puesto de origen y que estén acreditados para la categoría a la que promocionan.
b) Cinco años de servicios efectivos en el puesto de origen y que estén acreditados para la categoría a la que promocionan.

c) Tres años de servicios efectivos en el puesto de origen y que estén acreditados para la categoría a la que promocionan.

d) Dos años de servicios efectivos en el puesto de origen y que estén acreditados para la categoría a la que promocionan.

4. ¿Quiénes podrán participar en los concursos de provisión de vacantes?

a) Quienes hayan desempeñado durante al menos cinco años el puesto de origen y sean funcionarios/as Profesores/as Titulares de Universidad para los puestos de Profesor/a Titular de Universidad y funcionarios/as Catedráticos/as para los puestos de Catedrático/a, así como el personal investigador de los Organismos Públicos de Investigación (OPIS) de las categorías que se determinen en las convocatorias, siempre que cuenten con la acreditación correspondiente.

b) Quienes hayan desempeñado durante al menos tres años el puesto de origen y sean funcionarios/as Profesores/as Titulares de Universidad para los puestos de Profesor/a Titular de Universidad y funcionarios/as Catedráticos/as para los puestos de Catedrático/a, así como el personal investigador de los Organismos Públicos de Investigación (OPIS) de las categorías que se determinen en las convocatorias, siempre que cuenten con la acreditación correspondiente.

c) Quienes hayan desempeñado durante al menos dos años el puesto de origen y sean funcionarios/as Profesores/as Titulares de Universidad para los puestos de Profesor/a Titular de Universidad y funcionarios/as Catedráticos/as para los puestos de Catedrático/a, así como el personal investigador de los Organismos Públicos de Investigación (OPIS) de las categorías que se determinen en las convocatorias, siempre que cuenten con la acreditación correspondiente.

d) Quienes hayan desempeñado durante al menos doce meses el puesto de origen y sean funcionarios/as Profesores/as Titulares de Universidad para los puestos de Profesor/a Titular de Universidad y funcionarios/as Catedráticos/as para los puestos de Catedrático/a, así como el personal investigador de los Organismos Públicos de Investigación (OPIS) de las categorías que se determinen en las convocatorias, siempre que cuenten con la acreditación correspondiente.

5. Antes de poder participar en un nuevo concurso para obtener una plaza distinta en esa u otra universidad, la plaza obtenida tras el concurso de provisión de puestos deberá desempeñarse durante al menos:

a) Cinco años.
b) Cuatro años.
c) Tres años.
d) Dos años.

6. El profesorado funcionario en régimen de dedicación a tiempo completo tendrá asignada a la actividad docente un máximo de:

a) 250 horas lectivas por curso académico dentro de su jornada laboral anual.
b) 240 horas lectivas por curso académico dentro de su jornada laboral anual.

c) 220 horas lectivas por curso académico dentro de su jornada laboral anual.
d) 200 horas lectivas por curso académico dentro de su jornada laboral anual.

7. El profesorado funcionario en régimen de dedicación a tiempo completo tendrá asignada a la actividad docente un mínimo de:

a) 120 horas lectivas por curso académico dentro de su jornada laboral anual.
b) 115 horas lectivas por curso académico dentro de su jornada laboral anual.
c) 100 horas lectivas por curso académico dentro de su jornada laboral anual.
d) 80 horas lectivas por curso académico dentro de su jornada laboral anual.

8. A tenor de lo dispuesto en el artículo 78 de la LOSU que regula la contratación de Profesoras y Profesores Ayudantes Doctores, ninguna persona podrá ser contratada mediante esta modalidad, en la misma o distinta universidad, por un tiempo superior a:

a) Seis años.
b) Cinco años.
c) Tres años.
d) Dos años.

9. Las Profesoras y Profesores Ayudantes Doctores desarrollarán tareas docentes hasta un máximo de:

a) 220 horas lectivas por curso académico.
b) 200 horas lectivas por curso académico.
c) 180 horas lectivas por curso académico.
d) 175 horas lectivas por curso académico.

10. La duración del contrato de las Profesoras y Profesores Ayudantes Doctores será de seis años. ¿Pero transcurrido cuánto tiempo del contrato, la universidad realizará una evaluación orientativa del desempeño de las Profesoras y los Profesores Ayudantes Doctores, que podrá encargarse a las agencias de calidad competentes?

a) Transcurridos los cinco primeros años.
b) Transcurridos los cuatro primeros años.
c) Transcurridos los tres primeros años.
d) Transcurridos los dos primeros años.

11. El profesorado asociado podrá desarrollar tareas docentes hasta un máximo de:

a) 180 horas lectivas por curso académico.
b) 160 horas lectivas por curso académico.
c) 140 horas lectivas por curso académico.
d) 120 horas lectivas por curso académico.

12. El contrato de las Profesoras y los Profesores Visitantes tendrá una duración máxima de:

a) Tres años, prorrogables por otros dos años como máximo.
b) Tres años, improrrogable y no renovable.
c) Dos años, prorrogables por otros dos años como máximo.
d) Dos años, improrrogable y no renovable.

13. Las Profesoras y Profesores Distinguidos podrán desarrollar tareas docentes por una extensión máxima de:

a) 180 horas lectivas por curso académico.
b) 175 horas lectivas por curso académico.
c) 150 horas lectivas por curso académico.
d) 130 horas lectivas por curso académico.

14. Los procedimientos de selección del personal docente e investigador laboral se realizarán en todo caso a través de convocatorias públicas en las que se garanticen los principios de:

a) Igualdad, mérito, capacidad, antigüedad, publicidad y concurrencia, así como la posibilidad de recurso ante la propia universidad.
b) Igualdad, mérito, capacidad, objetividad y concurrencia, así como la posibilidad de recurso ante la propia universidad.
c) Igualdad, mérito, capacidad, publicidad y concurrencia, así como la posibilidad de recurso ante la propia universidad.
d) Igualdad, mérito, capacidad, publicidad, legalidad y concurrencia, así como la posibilidad de recurso ante la propia universidad.

15. ¿Podrá el profesorado de universidades públicas realizar funciones de tutoría en universidades no presenciales?

a) Sí, siempre que se trate de Universidades públicas.
b) No, en ningún caso.
c) Sí, en cualquier caso.
d) Sí, siempre que sean públicas o parcialmente financiadas por las Comunidades Autónomas y que operen con precios públicos.

Solución al test n.º 2

1. d) Igualdad, mérito, capacidad, publicidad, transparencia e imparcialidad de los miembros de los órganos de acreditación.

2. b) Real decreto del Consejo de Ministros, previo informe del Consejo de Universidades.

3. d) Dos años de servicios efectivos en el puesto de origen y que estén acreditados para la categoría a la que promocionan.

4. c) Quienes hayan desempeñado durante al menos dos años el puesto de origen y sean funcionarios/as Profesores/as Titulares de Universidad para los puestos de Profesor/a Titular de Universidad y funcionarios/as Catedráticos/as para los puestos de Catedrático/a, así como el personal investigador de los Organismos Públicos de Investigación (OPIS) de las categorías que se determinen en las convocatorias, siempre que cuenten con la acreditación correspondiente.

5. d) Dos años.

6. b) 240 horas lectivas por curso académico dentro de su jornada laboral anual.

7. a) 120 horas lectivas por curso académico dentro de su jornada laboral anual.

8. a) Seis años.

9. c) 180 horas lectivas por curso académico.

10. c) Transcurridos los tres primeros años.

11. d) 120 horas lectivas por curso académico.

12. d) Dos años, improrrogable y no renovable.

13. a) 180 horas lectivas por curso académico.

14. c) Igualdad, mérito, capacidad, publicidad y concurrencia, así como la posibilidad de recurso ante la propia universidad.

15. d) Sí, siempre que sean públicas o parcialmente financiadas por las Comunidades Autónomas y que operen con precios públicos.

TEST N.º 3

El Personal Técnico de Gestión y de Administración y Servicios en la Ley Orgánica 2/2023, de 22 de marzo, del Sistema Universitario y en los Estatutos de la Universidad de Oviedo

1. El personal técnico, de gestión y de administración y servicios laboral se rige por lo establecido en:

a) La Ley Orgánica del Sistema Universitario.
b) El texto refundido de la Ley del Estatuto de los Trabajadores.
c) El texto refundido de la Ley del Estatuto Básico del Empleado Público.
d) Todas las respuestas anteriores son correctas.

2. Indica la respuesta incorrecta:

a) Las universidades establecerán escalas de personal técnico, de gestión y de administración y servicios, de acuerdo con los grupos de titulación exigidos por la legislación general de la función pública, y atendiendo al nivel de especialización en los distintos ámbitos de la actividad universitaria.

b) El personal técnico, de gestión y de administración y servicios podrá desarrollar su carrera profesional, mediante la progresión de grado, categoría, escala o nivel, sin necesidad de cambiar de puesto de trabajo y con la remuneración correspondiente a cada uno de ellos, atendiendo a su trayectoria y actuación profesional, la calidad de los trabajos realizados, los conocimientos adquiridos, la formación acreditada y la evaluación de su desempeño.

c) El personal técnico, de gestión y de administración y servicios podrá desarrollar su carrera profesional, mediante el ascenso en la estructura de puestos de trabajo, atendiendo a la valoración de sus méritos, su grado de especialización y las aptitudes por razón de la especificidad de la función que desempeña y la experiencia adquirida.

d) El personal técnico, de gestión y de administración y servicios podrá desarrollar su carrera profesional, mediante la progresión de grado, categoría, escala o nivel, si cambia de puesto de trabajo y con la remuneración correspondiente a cada uno de ellos, atendiendo a su trayectoria y actuación profesional, la calidad de los trabajos realizados, los conocimientos adquiridos, la formación acreditada y la evaluación de su desempeño.

3. Las universidades deberán atender a las necesidades del servicio y garantizarán los principios de:

a) Publicidad, transparencia, igualdad, y mérito y capacidad.
b) Capacidad, equilibro y eficiencia.
c) Publicidad, eficiencia y mérito.
d) Mérito y eficiencia.

4. La provisión de puestos de personal técnico, de gestión y de administración y servicios en las universidades se realizará mediante:

a) El sistema de concurso y podrá concurrir tanto su propio personal, como el personal de otras universidades, así como, en las condiciones que reglamentariamente se determinen, el personal perteneciente a cuerpos y escalas de las Administraciones públicas.
b) El sistema de concurso y podrá concurrir solamente su propio personal.
c) El sistema de méritos y podrá concurrir tanto su propio personal, como el personal de otras universidades, así como, en las condiciones que reglamentariamente se determinen, el personal perteneciente a cuerpos y escalas de las Administraciones públicas.
d) El sistema de méritos y podrá concurrir solamente su propio personal.

5. El régimen retributivo del personal funcionario y laboral se determinará dentro de los límites máximos que determine:

a) La Universidad.
b) El Centro Docente.
c) La Comunidad Autónoma, mediante negociación colectiva y en el marco de las bases que fije el Estado.
d) No existen estos límites máximos.

6. Deberán articular procesos de estabilización de las plazas de su personal técnico, de gestión y de administración y servicios:

a) Siempre y en todo caso, cualquier universidad.
b) Las Universidades públicas.
c) Solamente las Universidades privadas.
d) Los Centros Docentes adscritos a universidades.

7. La asistencia y el asesoramiento a las autoridades académicas en el desarrollo de las funciones de la Universidad corresponde a:

a) El personal docente e investigador.
b) A la Gerencia.
c) Al personal de administración y servicios.
d) Al Rectorado.

8. El personal laboral de administración y servicios se regirá por:

a) Los Estatutos de la Universidad.
b) La legislación laboral.
c) El convenio colectivo.
d) Todas las respuestas anteriores son correctas.

9. Sin perjuicio de lo previsto en la legislación básica en materia de función pública, o en otra legislación aplicable, la relación de puestos de trabajo deberá incluir:

a) La denominación de cada puesto y su forma de provisión por grupos o subgrupos.
b) Las características básicas y condiciones esenciales para el acceso a cada puesto.
c) Las condiciones retributivas de cada puesto.
d) Todas las respuestas anteriores son incorrectas.

10. Aprobará, a propuesta del Rector y previo informe de los órganos de representación, los criterios que definan las características de las plazas, las normas que regulen la movilidad del personal y la especificación de los puestos de confianza o de libre designación:

a) La Gerencia.
b) El Decanato.
c) El Consejo de Gobierno.
d) El Gobierno Central.

11. Se garantizará, en todo caso, la publicidad de las correspondientes convocatorias mediante su publicación en:

a) El "Boletín Oficial del Estado".
b) El "Boletín Oficial del Principado de Asturias".
c) Son correctas las respuestas a) y b).
d) Todos los Boletines Públicos.

12. Los Tribunales de acceso del personal de administración y servicios funcionario serán nombrados por el Rector en cada convocatoria y estarán formados por:

a) Tres docentes.
b) Cinco miembros, funcionarios de carrera, que deberán poseer un nivel de titulación igual o superior al exigido para el ingreso en la escala de que se trate y pertenecer a un grupo igual o superior al que se refiera la convocatoria.
c) Siete miembros, funcionarios de carrera, que deberán poseer un nivel de titulación igual o superior al exigido para el ingreso en la escala de que se trate y pertenecer a un grupo igual o superior al que se refiera la convocatoria.
d) Cuatro miembros, funcionarios de carrera, que deberán poseer un nivel de titulación igual o superior al exigido para el ingreso en la escala de que se trate y pertenecer a un grupo igual o superior al que se refiera la convocatoria.

13. De los miembros de los Tribunales de acceso del personal de administración y servicios funcionario:

a) Uno de ellos será elegido por sorteo.
b) Dos de ellos será elegido por sorteo.
c) Tres de ellos será elegido por sorteo.
d) Cuatro de ellos será elegido por sorteo.

14. El Tribunal de acceso del personal de administración y servicios funcionario:

a) No podrá estar formado mayoritariamente por funcionarios pertenecientes a la misma escala objeto de selección.
b) Podrá estar formado mayoritariamente por funcionarios pertenecientes a la misma escala objeto de selección.
c) Deberá estar formado mayoritariamente por funcionarios pertenecientes a la misma escala objeto de selección.
d) No podrá estar formado mayoritariamente por funcionarios pertenecientes a diferentes escalas objeto de selección.

15. Determinará el número de puestos reservados a personal eventual, con sus características y retribuciones:

a) La Gerencia.
b) El Decanato.
c) El Consejo de Gobierno.
d) El Gobierno Central.

16. Es un derecho del personal de administración y servicios:

a) Asociarse libremente y elegir a sus representantes.
b) Desempeñar sus tareas conforme a los principios de legalidad y eficacia.
c) Asumir con responsabilidad las obligaciones que implique el desempeño del puesto de trabajo que tenga encomendado o el cargo para el que haya sido nombrado.
d) Participar en los procedimientos de evaluación y control de su actividad profesional.

17. Los órganos de representación del personal docente e investigador y del personal de administración y servicios serán:

a) Las Juntas de Personal, para el personal funcionario.
b) El Comité o los Comités de Empresa, para el personal funcionario.
c) Las Juntas de Personal, para el personal funcionario y para el personal contratado en régimen laboral.
d) Las Juntas de Personal, para el personal contratado en régimen laboral.

Solución al test n.º 3

1. d) Todas las respuestas anteriores son correctas.

2. d) El personal técnico, de gestión y de administración y servicios podrá desarrollar su carrera profesional, mediante la progresión de grado, categoría, escala o nivel, si cambia de puesto de trabajo y con la remuneración correspondiente a cada uno de ellos, atendiendo a su trayectoria y actuación profesional, la calidad de los trabajos realizados, los conocimientos adquiridos, la formación acreditada y la evaluación de su desempeño.

3. a) Publicidad, transparencia, igualdad, y mérito y capacidad.

4. a) El sistema de concurso y podrá concurrir tanto su propio personal, como el personal de otras universidades, así como, en las condiciones que reglamentariamente se determinen, el personal perteneciente a cuerpos y escalas de las Administraciones públicas.

5. c) La Comunidad Autónoma, mediante negociación colectiva y en el marco de las bases que fije el Estado.

6. b) Las Universidades públicas.

7. c) Al personal de administración y servicios.

8. d) Todas las respuestas anteriores son correctas.

9. c) Las condiciones retributivas de cada puesto.

10. c) El Consejo de Gobierno.

11. c) Son correctas las respuestas a) y b).

12. b) Cinco miembros, funcionarios de carrera, que deberán poseer un nivel de titulación igual o superior al exigido para el ingreso en la escala de que se trate y pertenecer a un grupo igual o superior al que se refiera la convocatoria.

13. a) Uno de ellos será elegido por sorteo.

14. a) No podrá estar formado mayoritariamente por funcionarios pertenecientes a la misma escala objeto de selección.

15. c) El Consejo de Gobierno.

16. a) Asociarse libremente y elegir a sus representantes.

17. a) Las Juntas de Personal, para el personal funcionario.

TEST N.º 4

Estatutos de la Universidad de Oviedo: Naturaleza, fines y competencias. Estructura y organización de la Universidad de Oviedo (Títulos I y II)

1. ¿En qué Título de los Estatutos de la Universidad de Oviedo se regulan las funciones de la Universidad?

a) II.
b) III.
c) IV.
d) V.

2. ¿De cuántos Títulos constan los Estatutos de la Universidad de Oviedo?

a) Seis.
b) Siete.
c) Ocho.
d) Ninguna es correcta.

3. La reforma de los Estatutos se contempla en el Título:

a) IV.
b) V.
c) VII.
d) No se contempla en ningún título.

4. ¿En qué artículo de la Constitución Española se regula el derecho a la educación?

a) Artículo 27.
b) Artículo 28.
c) Artículo 29.
d) Artículo 30.

5. En la realización de sus actividades, la Universidad de Oviedo no se regirá por el siguiente principio:

a) Legalidad.
b) Eficacia.
c) Calidad.
d) Respeto mutuo.

6. Respecto al escudo de la Universidad de Oviedo no es cierto que:

a) Es el tradicional.
b) Está constituido por el escudo heráldico de los Valdés.
c) Contiene tres cruces de San Jorge de Inglaterra.
d) Todas son correctas.

7. ¿Qué tratamiento recibirán las autoridades universitarias?

a) Señor.
b) Ilustrísima.
c) Ilustrísimo Señor.
d) Excelentísimo.

8. ¿Qué Ley ha introducido las Escuelas de Doctorado dentro de la estructura universitaria?

a) Ley Orgánica 6/2001.
b) Ley 14/2011.
c) Ley 4/2007.
d) Ninguna es correcta.

9. ¿Qué órgano regulará la composición, funcionamiento y competencias del Consejo de Campus?

a) El Rector.
b) El Consejo de Gobierno.
c) El Consejo Social.
d) Ninguna es correcta.

10. La modificación y supresión de los Departamentos será acordada:

a) Con el voto favorable de 2/3 del Consejo de Gobierno.
b) Con el voto favorable de 3/6 del Consejo de Gobierno.
c) Con el voto favorable de 3/5 del Consejo de Gobierno.
d) Ninguna es correcta.

11. ¿Qué número mínimo de profesores doctores a tiempo completo, pertenecientes a los cuerpos docentes universitarios se necesita para la creación de nuevos Departamentos?

a) 16.
b) 17.
c) 18.
d) 20.

12. ¿Quién acordará la creación, modificación y supresión de las Facultades y Escuelas?

a) Al Consejo Social.
b) Al Consejo de Gobierno de la Universidad.
c) Al Principado de Asturias.
d) Al Rector.

13. ¿Cada cuánto tiempo los centros elaborarán un programa de actividades a desarrollar en el curso académico siguiente?

a) Cada semestre.
b) Anualmente.
c) Cada trimestre.
d) No se establece ningún plazo en concreto.

14. ¿A quién le corresponde impulsar la actualización científica, técnica, artística y pedagógica de sus miembros y de la comunidad universitaria en su conjunto?

a) Escuelas.
b) Facultades.
c) Institutos Universitarios de Investigación.
d) Ninguna es correcta.

15. ¿A quién le corresponde la creación de otros centros y entidades como soporte de la investigación y la docencia?

a) Al Rector.
b) Al Consejo Social a propuesta del Consejo de Gobierno.
c) Al Consejo de Gobierno a propuesta del Consejo Social.
d) Al Principado de Asturias.

16. ¿Cómo se denominan los centros universitarios que proporcionan residencia a los estudiantes y promueven la formación cultural y científica de los residentes, proyectando su actividad al servicio de la comunidad universitaria?

a) Colegios mayores.
b) Residencias estudiantiles.
c) Rectorado.
d) Consejos colegiales.

17. ¿Quién nombra al Director del Colegio Mayor?

a) El Rector.
b) El Consejo de Gobierno.
c) El Consejo Social.
d) Ninguna es correcta.

18. ¿A quién le corresponde elaborar el Reglamento de Régimen Interno de los colegios mayores?

a) El Consejo de Gobierno.
b) El Rector.
c) El Consejo Social.
d) Ninguna es correcta.

19. ¿A quién le corresponde crear residencias universitarias?

a) Al Consejo de Gobierno.
b) Al Rector.
c) Al Consejo Social.
d) Ninguna es correcta.

20. Para el mejor cumplimiento de sus fines, la Universidad de Oviedo se coordinará con las demás universidades públicas españolas y fomentará, con instituciones de educación superior, ciencia, tecnología y cultura, tanto nacionales como de otros países:

a) La coordinación.
b) La calidad.
c) La cooperación.
d) La buena fe.

Solución al test n.º 4

1. c) IV.

2. b) Siete.

3. c) VII.

4. a) Artículo 27.

5. d) Respeto mutuo.

6. c) Contiene tres cruces de San Jorge de Inglaterra.

7. a) Señor.

8. b) Ley 14/2011.

9. b) El Consejo de Gobierno.

10. c) Con el voto favorable de 3/5 del Consejo de Gobierno.

11. a) 16.

12. c) Al Principado de Asturias.

13. b) Anualmente.

14. c) Institutos Universitarios de Investigación.

15. b) Al Consejo Social a propuesta del Consejo de Gobierno.

16. a) Colegios mayores.

17. a) El Rector.

18. d) Ninguna es correcta.

19. a) Al Consejo de Gobierno.

20. c) La cooperación.

Estatutos de la Universidad de Oviedo: Órganos de gobierno, representación, asesoramiento y garantía (Título III)

1. La Universidad de Oviedo está integrada por:

a) Órganos colegiados y consultivos.
b) Órganos colegiados y unipersonales.
c) Órganos generales y de asesoramiento.
d) Ninguna es correcta.

2. La Junta Electoral Central es:

a) Un órgano colegiado.
b) Un órgano unipersonal.
c) Un órgano de los Institutos Universitarios.
d) Un órgano de los Departamentos.

3. ¿Qué órgano, a propuesta del Rector, podrá crear otros órganos de gobierno, representación, asesoramiento y garantía?

a) El Claustro.
b) El Consejo de Gobierno.
c) El Rector.
d) El Consejo Rectoral.

4. El órgano de participación de la sociedad en la Universidad, que ejerce como elemento de interrelación entre ambas, se denomina:

a) Consejo de Gobierno.
b) Claustro.
c) Rector.
d) Consejo Social.

5. ¿Quién nombrará al Presidente del Consejo Social?

a) El Consejo de Gobierno oído el Rector.
b) El Principado de Asturias, oído el Rector.
c) El Claustro.
d) El Rector.

6. ¿Quién preside el Claustro Universitario?

a) El Rector.
b) El Gerente.
c) El Presidente del Consejo Social.
d) El Secretario General.

7. ¿Cada cuánto tiempo debe reunirse como mínimo el Pleno del Consejo de Gobierno en sesión ordinaria?

a) Una vez al año.
b) Una vez cada seis meses.
c) Una vez cada tres meses.
d) Una vez cada dos meses.

8. ¿Quién de los siguientes órganos no compone el Consejo Rectoral?

a) El Rector.
b) Los Vicerrectores.
c) El Secretario General.
d) Todas son correctas.

9. ¿Cómo se denomina el órgano encargado de valorar las reclamaciones que se presenten ante el rector contra las propuestas de las Comisiones de los concursos de acceso a los cuerpos docentes universitarios, a fin de velar por la legalidad de su actuación y el respeto a los principios de igualdad de oportunidades, mérito y capacidad de los candidatos?

a) Consejo de Reclamaciones.
b) Comisión de Reclamaciones.
c) Consejo de Quejas y Sugerencias.
d) Ninguna es correcta.

10. ¿Quién ejerce la dirección, gobierno y gestión de la Universidad?

a) El Consejo Social.
b) El Rector.
c) El Claustro Universitario.
d) Ninguna es correcta.

11. ¿Qué duración tiene el mandato del Rector?

a) Dos años.
b) Tres años.
c) Cuatro años.
d) Vitalicio.

12. Una de las siguientes no es una función del Rector:

a) Expedir, en nombre del Rey, los títulos que tengan carácter oficial y validez en todo el territorio nacional y, en nombre de la Universidad, toda clase de títulos y diplomas.
b) Dirigir la elaboración de los anteproyectos de presupuesto, de la cuenta general de la Universidad y del plan plurianual de actuación.
c) Contratar en nombre de la Universidad, autorizar los gastos y ordenar los pagos.
d) La dirección, gestión y custodia de los Archivos y Registros, así como la custodia del sello oficial de la Universidad.

13. ¿Quién es el encargado del apoyo administrativo y jurídico a los órganos de gobierno para el desarrollo de sus competencias?

a) El Rector.
b) El Gerente.
c) El Secretario General.
d) Ninguna es correcta.

14. El órgano comisionado por el Claustro para velar por el respeto a los derechos y las libertades de los profesores, estudiantes y personal de administración y servicios ante las actuaciones de los diferentes órganos y servicios universitarios y de quienes, dentro de la comunidad universitaria, desempeñen funciones públicas, se denomina:

a) Defensor Universitario.
b) Defensor del Pueblo.
c) Gerente.
d) Presidente del Claustro.

15. ¿Cuántos Decanos habrá?

a) Uno por Facultad.
b) Uno por Universidad.
c) Tantos como directores.
d) Ninguna es correcta.

16. Dentro de los órganos de las Facultades y Escuelas, el órgano colegiado de gobierno y representación es:

a) El Decano.
b) La Junta de Facultad o Escuela.

c) El Consejo de Departamento.
d) El Secretario.

17. El Gerente es:

a) Un órgano de asesoramiento y garantía.
b) Un órgano colegiado.
c) Un órgano unipersonal de gobierno y asistencia.
d) Un órgano de la Facultad o Escuela.

18. El Consejo Rectoral es:

a) Un órgano colegiado de asesoramiento y garantía.
b) Un órgano colegiado.
c) Un órgano unipersonal de gobierno y asistencia.
d) Un órgano de la Facultad y Escuela.

19. El Vicedecano es:

a) Un órgano colegiado de gobierno y representación.
b) Un órgano de los Departamentos.
c) Un órgano unipersonal de gobierno y asistencia.
d) Ninguna es correcta.

20. Respecto a la convocatoria extraordinaria de elecciones a Rector, es cierto que:

a) El Claustro podrá convocar elecciones a Rector a iniciativa de un quinto de sus miembros.
b) El Claustro podrá convocar elecciones a Rector a iniciativa de un sexto de sus miembros.
c) El Claustro podrá convocar elecciones a Rector a iniciativa de un tercio de sus miembros.
d) Ninguna es correcta.

21. Entre los órganos colegiados de asesoramiento y garantía, no se encuentra:

a) El Consejo Rectoral.
b) La Comisión de Reclamaciones.
c) La Junta Electoral Central.
d) El Claustro.

22. ¿A quién le corresponde acordar con el Rector y a propuesta de éste, la designación del Gerente de la Universidad?

a) Al Claustro.
b) Al Consejo Social.
c) Al Principado de Asturias.
d) Al Consejo de Gobierno.

23. ¿Quién es competente para elaborar y actualizar el inventario de bienes y derechos que integran el patrimonio de la Universidad?

a) El Decano.
b) El Rector.
c) El Gerente.
d) Ninguna es correcta.

24. ¿Quién preside la Comisión de Gobierno de la Facultad o Escuela?

a) El Decano o Director.
b) El Gerente.
c) El Presidente del Consejo Social.
d) Ninguna es correcta.

25. Respecto a los Decanos no es cierto que:

a) Su mandato dura cuatro años.
b) Pueden ser reelegidos por dos veces consecutivas.
c) Cada Facultad tendrá un Decano.
d) Todas son correctas.

Solución al test n.º 5

1. b) Órganos colegiados y unipersonales.

2. a) Un órgano colegiado.

3. b) El Consejo de Gobierno.

4. d) Consejo Social.

5. b) El Principado de Asturias, oído el Rector.

6. a) El Rector.

7. d) Una vez cada dos meses.

8. d) Todas son correctas.

9. b) Comisión de Reclamaciones.

10. b) El Rector.

11. c) Cuatro años.

12. d) La dirección, gestión y custodia de los Archivos y Registros, así como la custodia del sello oficial de la Universidad.

13. c) El Secretario General.

14. a) Defensor Universitario.

15. a) Uno por Facultad.

16. b) La Junta de Facultad o Escuela.

17. c) Un órgano unipersonal de gobierno y asistencia.

18. a) Un órgano colegiado de asesoramiento y garantía.

19. c) Un órgano unipersonal de gobierno y asistencia.

20. c) El Claustro podrá convocar elecciones a Rector a iniciativa de un tercio de sus miembros.

21. d) El Claustro.

22. b) Al Consejo Social.

23. c) El Gerente.

24. a) El Decano o Director.

25. b) Pueden ser reelegidos por dos veces consecutivas.

TEST N.º 6

Estatutos de la Universidad de Oviedo: Funciones de la Universidad (Título IV)

1. La difusión, valoración y la transferencia del conocimiento al servicio de la cultura, de la calidad de la vida y del desarrollo económico:

a) Es un objetivo de la Universidad.
b) Es un deber de la Universidad.
c) Es un derecho de la Universidad.
d) Es una función de la Universidad.

2. Respecto a la enseñanza universitaria no es cierto que:

a) Tiene como finalidad la transmisión del conocimiento.
b) Está encaminada a la educación para el desarrollo de las capacidades intelectuales.
c) Se enmarca dentro del respeto a los principios constitucionales.
d) Todas son correctas.

3. El programa de calidad de la docencia ofrecida por la Universidad de Oviedo, será aprobado por el Consejo de Gobierno con una periodicidad máxima de:

a) Un año.
b) Dos años.
c) Tres años.
d) Cuatro años.

4. ¿Con qué principios desarrollará su actividad la Agencia Nacional de Evaluación de la Calidad y Acreditación? (señala la respuesta incorrecta):

a) Competencia técnica y científica.
b) Legalidad.
c) Dependencia.
d) Transparencia.

5. La docencia es:

a) Un derecho de los profesores.
b) Un deber de los profesores.
c) Un derecho y un deber de los profesores.
d) Ninguna es correcta.

6. ¿Qué órgano es competente para autorizar las asignaturas, cursos y otras actividades formativas no integradas en los planes de estudio que puedan cursar los alumnos y consignarse en su expediente académico?

a) El Rector.
b) El Principado de Asturias.
c) El Consejo de Gobierno.
d) Ninguna es correcta.

7. ¿Cuál es la finalidad de los estudios de doctorado?

a) La especialización del estudiante en su formación investigadora.
b) La especialización del estudiante en su formación docente.
c) La especialización científica del estudiante.
d) La especialización artística del estudiante.

8. ¿Quién somete a la aprobación del Consejo de Gobierno, el plan de organización docente de la Universidad de Oviedo?

a) El Principado de Asturias.
b) El Rector.
c) El Consejo Social.
d) El propio Consejo de Gobierno.

9. ¿Cada cuánto tiempo debe someter el Rector, el plan docente a la aprobación del Consejo de Gobierno?

a) Anualmente.
b) Semestralmente.
c) Trimestralmente.
d) Ninguna es correcta.

10. ¿Cuál de los siguientes datos no debe aparecer en el plan docente?

a) Grupos de cada asignatura.
b) Horario de la secretaría.
c) Horario de tutorías de los profesores.
d) Todas son correctas.

11. Respecto al calendario académico no es cierto que:

a) Será fijado anualmente.
b) Establecerá los periodos de inscripción.
c) Establecerá el calendario oficial de exámenes.
d) Todas son correctas.

12. ¿Qué órgano aprobará el Reglamento de Evaluación del Rendimiento Académico del alumnado?

a) El Consejo de Gobierno oído el Consejo de Estudiantes.
b) El Consejo de Estudiantes oído el Consejo de Gobierno.
c) El Rector.
d) Ninguna es correcta.

13. ¿Cuántos profesores como mínimo deben componer el tribunal de los exámenes orales?

a) Cuatro.
b) Tres.
c) Dos.
d) Ninguna es correcta.

14. La investigación es:

a) Fundamento de la docencia.
b) Medio para el progreso de la comunidad.
c) Soporte de la transferencia social del conocimiento.
d) Todas son correctas.

15. Los aspectos concernientes a la propiedad intelectual e industrial serán regulados por:

a) El Principado de Asturias.
b) El Consejo de Gobierno.
c) El Rector.
d) Ninguna es correcta.

16. ¿En qué artículo de los Estatutos se regula el Comité de Ética?

a) 140.
b) 141.
c) 142.
d) 143.

17. ¿Qué órgano regulará la composición y funciones del Comité de Ética?

a) El propio Comité de Ética.
b) El Consejo de Gobierno.
c) El Rector.
d) El Principado de Asturias.

18. La práctica deportiva en la Universidad:

a) Es parte de la formación del alumnado.
b) No se considera de interés general.
c) Se regula en el artículo 145 de los Estatutos.
d) Todas son correctas.

19. ¿Qué Título de los Estatutos regula las funciones de la Universidad?

a) Título III.
b) Título IV.
c) Título V.
d) Título VI.

20. ¿Qué artículo de los Estatutos regula la cooperación internacional y la solidaridad?

a) Artículo 141.
b) Artículo 142.
c) Artículo 143.
d) Artículo 144.

Solución al test n.º 6

1. d) Es una función de la Universidad.

2. d) Todas son correctas.

3. d) Cuatro años.

4. c) Dependencia.

5. c) Un derecho y un deber de los profesores.

6. c) El Consejo de Gobierno.

7. a) La especialización del estudiante en su formación investigadora.

8. b) El Rector.

9. a) Anualmente.

10. b) Horario de la secretaría.

11. d) Todas son correctas.

12. a) El Consejo de Gobierno oído el Consejo de Estudiantes.

13. b) Tres.

14. d) Todas son correctas.

15. b) El Consejo de Gobierno.

16. a) 140.

17. b) El Consejo de Gobierno.

18. a) Es parte de la formación del alumnado.

19. b) Título IV.

20. d) Artículo 144.

**Estatutos de la Universidad de Oviedo:
La comunidad universitaria (Título V)**

1. ¿Qué porcentaje del total de personal docente e investigador de la Universidad, no podrá superar el personal docente e investigador contratado en régimen laboral, computado en equivalencias a tiempo completo?

a) 50 por 100.
b) 49 por 100.
c) 48 por 100.
d) 47 por 100.

2. El personal docente e investigador con contrato laboral temporal no podrá superar:

a) El 50 por 100.
b) El 40 por 100.
c) El 30 por 100.
d) El 20 por 100.

3. ¿A quién le corresponde definir y planificar la política del personal docente e investigador?

a) Al Rector a propuesta del Consejo de Gobierno.
b) Al Rector a propuesta del Consejo Social.
c) Al Consejo de Gobierno, a propuesta del Rector.
d) Ninguna es correcta.

4. Dentro de las responsabilidades que correspondan al Departamento en la coordinación de las enseñanzas que le competen, se procurará que en la asignación de tareas docentes se pondere debidamente (señala la respuesta incorrecta):

a) La categoría.
b) La especialidad.

c) La situación académica del profesorado.

d) Todas son correctas.

5. Respecto a los becarios de investigación no es cierto que:

a) Son titulados oficiales que disfrutan de becas oficiales.

b) Deben realizar labores de investigación y en su caso, de colaboración docente.

c) Las becas deben ser obtenidas por concurso público.

d) Las condiciones de disfrute de la beca serán las establecidas en la normativa específica por la que aquélla se regule y en lo no contemplado en esa normativa les será de aplicación la que apruebe el Rector.

6. Ejercer la libertad de cátedra y de investigación es:

a) Un objetivo.

b) Un derecho.

c) Un deber.

d) Ninguna es correcta.

7. ¿Quién de los siguientes está exento totalmente de obligaciones docentes?

a) Los Decanos.

b) Los Directores de Escuela.

c) Los Directores de Institutos Universitarios de Investigación.

d) El Rector.

8. ¿Qué órgano es competente para autorizar al personal docente e investigador, comisiones de servicio en otras Universidades?

a) El Consejo Social.

b) El Consejo de Gobierno.

c) El Consejo de Universidades.

d) Ninguna es correcta.

9. Las licencias por periodos superiores a tres meses, serán concedidas por:

a) El Consejo Social.

b) El Consejo de Gobierno.

c) El Consejo de Universidades.

d) El Rector.

10. Las licencias por periodos inferiores a tres meses, serán concedidas por:

a) El Consejo Social.

b) El Consejo de Gobierno.

c) El Consejo de Universidades.
d) El Rector.

11. Para que un profesor con vinculación permanente a la Universidad pueda disfrutar de un permiso sabático, deberá cumplir con el siguiente requisito:

a) Una antigüedad funcionarial o contractual no inferior a seis años y el transcurso de un mínimo de seis años desde la finalización del último permiso sabático.
b) Una antigüedad funcionarial o contractual no inferior a tres años y el transcurso de un mínimo de dos años desde la finalización del último permiso sabático.
c) Una antigüedad funcionarial o contractual no inferior a dos años y el transcurso de un mínimo de un año desde la finalización del último permiso sabático.
d) Ninguna es correcta.

12. Para que un profesor con vinculación permanente a la Universidad pueda disfrutar de un permiso sabático, deberá cumplir con el siguiente requisito:

a) El desempeño previo de un mínimo de cinco años ininterrumpidos de servicio activo en la Universidad de Oviedo.
b) El desempeño previo de un mínimo de cuatro años ininterrumpidos de servicio activo en la Universidad de Oviedo.
c) El desempeño previo de un mínimo de tres años ininterrumpidos de servicio activo en la Universidad de Oviedo.
d) Ninguna es correcta.

13. El ingreso de los estudiantes en la Universidad de Oviedo se realizará con pleno respeto a los principios de (señala la respuesta incorrecta):

a) Publicidad.
b) Igualdad.
c) Mérito.
d) Buena fe.

14. El estudio y la iniciación a la investigación, respecto a los estudiantes es:

a) Un derecho.
b) Un deber.
c) Un reto.
d) Un objetivo.

15. ¿Cada cuánto tiempo debe hacer pública la Universidad, la convocatoria, número y requisitos para la adjudicación de las becas y ayudas?

a) Trimestralmente.
b) Semestralmente.

c) Anualmente.
d) Cada dos años.

16. ¿Qué órgano de representación tendrá el personal funcionario?

a) Juntas de Personal.
b) Comités de Empresa.
c) Uno u otro en función del número de afiliados.
d) Ninguna es correcta.

17. La Comisión para la provisión de plazas de profesor titular de universidad estará integrada por:

a) Cinco catedráticos de la Universidad.
b) Dos catedráticos de la Universidad.
c) Tres profesores titulares de la Universidad.
d) Son correctas b) y c).

18. ¿En qué Título de los Estatutos de la Universidad de Oviedo, se regula la comunidad universitaria?

a) Título I.
b) Título III.
c) Título IV.
d) Título V.

19. ¿En qué artículo de los Estatutos de la Universidad de Oviedo, se regulan los derechos de los estudiantes?

a) Artículo 176.
b) Artículo 177.
c) Artículo 178.
d) Artículo 179.

20. La provisión de puestos del personal de administración y servicios de la Universidad se hará generalmente por el sistema de concurso de méritos, al que podrán concurrir:

a) El personal propio de la Universidad.
b) El personal de otras universidades y administraciones públicas.
c) Ambas son correctas.
d) Ninguna es correcta.

Solución al test n.º 7

1. b) 49 por 100.

2. b) El 40 por 100.

3. c) Al Consejo de Gobierno, a propuesta del Rector.

4. d) Todas son correctas.

5. d) Las condiciones de disfrute de la beca serán las establecidas en la normativa específica por la que aquélla se regule y en lo no contemplado en esa normativa les será de aplicación la que apruebe el Rector.

6. b) Un derecho.

7. d) El Rector.

8. d) Ninguna es correcta.

9. b) El Consejo de Gobierno.

10. d) El Rector.

11. a) Una antigüedad funcionarial o contractual no inferior a seis años y el transcurso de un mínimo de seis años desde la finalización del último permiso sabático.

12. d) Ninguna es correcta.

13. d) Buena fe.

14. b) Un deber.

15. c) Anualmente.

16. a) Juntas de Personal.

17. d) Son correctas b) y c).

18. d) Título V.

19. a) Artículo 176.

20. c) Ambas son correctas.

TEST N.º 8

El Convenio Colectivo para el personal laboral vigente en la Universidad de Oviedo: Personal de Administración y Servicios

1. El Convenio es de aplicación:

a) A los funcionarios.
b) Al personal contratado en régimen laboral.
c) A los funcionarios y al personal contratado en régimen laboral.
d) Solo al personal eventual.

2. Constituye el instrumento técnico de ordenación del personal de administración y servicios, de acuerdo con las necesidades de los servicios y las previsiones presupuestarias:

a) La Relación de Puestos de Trabajo.
b) Los listados de personal.
c) La Relación de necesidades.
d) La Relación de Ocupaciones.

3. Para la provisión de vacantes de personal laboral fijo, la primera fase de la prelación implica:

a) Reingreso de excedentes voluntarios y de otros trabajadores con derecho preferente al reingreso, según la legislación vigente.
b) Concurso de traslado.
c) Concurso-oposición restringido.
d) Concurso-oposición libre.

4. Para la provisión de vacantes de personal laboral fijo, la última fase de la prelación implica:

a) Reingreso de excedentes voluntarios y de otros trabajadores con derecho preferente al reingreso, según la legislación vigente.
b) Concurso de traslado.
c) Concurso-oposición restringido.
d) Concurso-oposición libre.

5. Con el fin de agilizar el procedimiento de provisión de puestos:

a) Las fases de concurso de traslado y concurso-oposición restringido se podrán convocar simultáneamente.

b) Las fases de Reingreso de excedentes voluntarios y concurso traslado se pueden dar a la vez.

c) Se puede limitar a la fase reingreso de excedentes voluntarios y de otros trabajadores con derecho preferente al reingreso.

d) Se puede limitar a la fase concurso de traslado.

6. La adjudicación de la plaza se efectuará:

a) Por riguroso orden de solicitud entre los excedentes voluntarios y demás trabajadores con derecho preferente al reingreso, en la categoría laboral correspondiente o inferior y, en su caso, en la misma o similar especialidad.

b) Por riguroso orden de antigüedad del personal entre los excedentes voluntarios y demás trabajadores con derecho preferente al reingreso, en la categoría laboral correspondiente o inferior y, en su caso, en la misma o similar especialidad.

c) Por riguroso orden de edad del personal entre los excedentes voluntarios y demás trabajadores con derecho preferente al reingreso, en la categoría laboral correspondiente o inferior y, en su caso, en la misma o similar especialidad.

d) Por categoría laboral.

7. Los baremos para la adjudicación de los traslados serán fijados:

a) Por el Rectorado.

b) Por la Gerencia.

c) Por la Secretaría General.

d) Por el Consejo de Gobierno.

8. En el caso de producirse empate, se resolverá:

a) A favor del trabajador con mayor antigüedad en la Universidad de Oviedo.

b) A favor del trabajador con mayor edad en la Universidad de Oviedo.

c) A favor del trabajador con menor antigüedad en la Universidad de Oviedo.

d) A favor del trabajador con menor edad en la Universidad de Oviedo.

9. La convocatoria del concurso-oposición restringido será efectuada por:

a) El Rector.

b) La Gerencia.

c) La Secretaría General.

d) El Consejo de Gobierno.

10. En caso de que se realicen varios ejercicios, deberá transcurrir:

a) Al menos una semana entre la publicación de la calificación de cada ejercicio y la realización del siguiente.

b) Al menos quince días entre la publicación de la calificación de cada ejercicio y la realización del siguiente.

c) Al menos un mes entre la publicación de la calificación de cada ejercicio y la realización del siguiente.

d) Al menos seis meses entre la publicación de la calificación de cada ejercicio y la realización del siguiente.

11. Entre la finalización del curso de formación y la realización del primer ejercicio deberá transcurrir:

a) Al menos una semana.

b) Al menos quince días.

c) Al menos un mes.

d) Al menos tres meses.

12. Los puestos que queden vacantes tras la resolución de los procedimientos de reingreso, de concurso de traslados y de concurso-oposición restringido, serán convocados mediante concurso-oposición libre en el plazo máximo de:

a) Una semana.

b) Un mes.

c) Tres meses.

d) Seis meses.

13. Las bases de la convocatoria serán elaboradas:

a) Por el Rectorado.

b) Por la Gerencia.

c) Por la Secretaría General.

d) Por el Consejo de Gobierno.

14. Los contratos temporales no podrán superar el:

a) 5% de la plantilla.

b) 10% de la plantilla.

c) 15% de la plantilla.

d) 20% de la plantilla.

15. Tiene por objeto la definición, determinación y ordenación de los diferentes grupos y categorías profesionales:

a) Clasificación profesional.
b) Denominación profesional.
c) Titulación profesional.
d) Nivel profesional.

16. Agrupa unitariamente las aptitudes profesionales, titulaciones y contenido general de la prestación laboral que se corresponde con las mismas:

a) Clasificación profesional.
b) Grupo profesional.
c) Categoría profesional.
d) Titulación profesional.

17. En la Universidad de Oviedo se establecerán Planes de Formación:

a) Trimestrales.
b) Semestrales.
c) Anuales.
d) Quinquenales.

18. Estará dirigida al perfeccionamiento y actualización de los conocimientos del personal en sus puestos de trabajo y se realizará dentro de la jornada y horario de trabajo, computándose igualmente como tiempo trabajado en caso de tener que realizarse fuera del horario laboral:

a) Formación voluntaria.
b) Formación obligatoria.
c) Formación de mejora.
d) Formación semanal.

19. La jornada semanal de trabajo del Personal de Administración y Servicios será de:

a) 35 horas semanales, como jornada de referencia, debiendo constar la realización de 130 horas mensuales.
b) 35 horas semanales, como jornada de referencia, debiendo constar la realización de 200 horas mensuales.
c) 37,5 horas semanales, como jornada de referencia, debiendo constar la realización de 150 horas mensuales.
d) 40 horas semanales, como jornada de referencia, debiendo constar la realización de 170 horas mensuales.

20. Se podrá disfrutar de una pausa en la jornada diaria de trabajo de hasta:

a) 10 minutos, computables como de trabajo efectivo.
b) 15 minutos, computables como de trabajo efectivo.
c) 20 minutos, computables como de trabajo efectivo.
d) 30 minutos, computables como de trabajo efectivo.

Solución al test n.º 8

1. b) Al personal contratado en régimen laboral.

2. a) La Relación de Puestos de Trabajo.

3. a) Reingreso de excedentes voluntarios y de otros trabajadores con derecho preferente al reingreso, según la legislación vigente.

4. d) Concurso-oposición libre.

5. a) Las fases de concurso de traslado y concurso-oposición restringido se podrán convocar simultáneamente.

6. a) Por riguroso orden de solicitud entre los excedentes voluntarios y demás trabajadores con derecho preferente al reingreso, en la categoría laboral correspondiente o inferior y, en su caso, en la misma o similar especialidad.

7. b) Por la Gerencia.

8. a) A favor del trabajador con mayor antigüedad en la Universidad de Oviedo.

9. a) El Rector.

10. a) Al menos una semana entre la publicación de la calificación de cada ejercicio y la realización del siguiente.

11. c) Al menos un mes.

12. c) Tres meses.

13. b) Por la Gerencia.

14. a) 5% de la plantilla.

15. a) Clasificación profesional.

16. b) Grupo profesional.

17. c) Anuales.

18. b) Formación obligatoria.

19. a) 35 horas semanales, como jornada de referencia, debiendo constar la realización de 130 horas mensuales.

20. d) 30 minutos, computables como de trabajo efectivo.

TEST N.º 9

El Estatuto de los Trabajadores (Real Decreto Legislativo 2/2015, de octubre): Derechos y Deberes laborales básicos. Derechos y Deberes derivados del contrato. Movilidad funcional y geográfica. Modificaciones sustanciales de las condiciones de trabajo. Suspensión del contrato. Extinción del contrato

1. El concepto legal vigente de contrato de trabajo se contiene:

a) En la Ley del Contrato de Trabajo.

b) En el artículo 1.1 del Real Decreto Legislativo 2/2015, de 23 de octubre, por el que se regula el Texto Refundido de la Ley del Estatuto de los Trabajadores.

c) En los Convenios Colectivos vigentes en cada sector de actividad.

d) En el artículo 1.1 del Real Decreto Legislativo 2/1995, de 24 de marzo, por el que se regula el Texto Refundido de la Ley General de la Seguridad Social.

2. ¿Qué requisitos no ha de reunir la prestación de trabajo, según las prescripciones generales establecidas en el Código Civil?

a) La prestación de trabajo ha de ser lícita.

b) La prestación de trabajo ha de ser determinada o determinable.

c) La prestación de trabajo ha de ser posible.

d) Ser viable económicamente.

3. ¿Cuál de las siguientes respuestas es correcta?

a) La prestación de servicios ha de ser voluntaria.

b) El Estatuto de los Trabajadores admite la prestación de servicios obligatoria, si existe causa justificada para ello.

c) La prestación de servicios puede ser obligatoria, siempre que esté previsto por el Convenio colectivo aplicable.

d) La prestación de servicios puede ser forzosa.

4. Respecto de la ajenidad en el contrato de trabajo:

a) Los servicios retribuidos se prestan por cuenta ajena.

b) No existe ninguna disposición legal que vincule la ajenidad al contrato de trabajo.

c) En el contrato de trabajo, fruto de la libertad de contratación, se puede pactar libremente que los servicios se presten por cuenta ajena o por cuenta propia.

d) Cabe la posibilidad de prescindir de la misma, haciendo suyos por el trabajador los frutos del trabajo.

5. En cuanto a la figura del empresario:

a) Pueden ser empresarios, únicamente, las personas físicas o comunidades de bienes.

b) Pueden serlo personas físicas, jurídicas, o comunidades de bienes.

c) Las personas jurídicas están excluidas de la posibilidad de ser empresarios.

d) Están excluidas las comunidades de bienes.

6. Según el artículo 96 del TR-LEBEP, la suspensión de empleo y sueldo del personal laboral al servicio de las Administraciones Públicas tendrá una duración máxima de:

a) 2 años.

b) 3 años.

c) 4 años.

d) 6 años.

7. Conforme al artículo 40 del Estatuto de los Trabajadores, notificada la decisión de traslado, el trabajador tendrá derecho a optar entre el traslado, percibiendo una compensación por gastos, o la extinción de su contrato, percibiendo una indemnización de:

a) 12 días de salario por año de servicio, con un máximo de doce mensualidades.

b) 16 días de salario por año de servicio, con un máximo de doce mensualidades.

c) 20 días de salario por año de servicio, con un máximo de doce mensualidades.

d) 24 días de salario por año de servicio, con un máximo de doce mensualidades.

8. En las empresas que ocupen más de trescientos trabajadores, se considera de carácter colectivo la modificación que, en un período de noventa días, afecte al menos a:

a) 20 trabajadores.

b) El 25 % de los trabajadores.

c) 30 trabajadores.

d) La mitad de los trabajadores.

9. Según dispone el apartado 7 del artículo 47 del Estatuto de los Trabajadores, como norma común aplicable a los expedientes de regulación temporal de empleo, la jornada de trabajo podrá reducirse por causas económicas, técnicas, organizativas o de producción computándose sobre la base de una jornada diaria, semanal, mensual o anual:

a) Entre un 20 y un 80 por 100 de la jornada de trabajo.
b) Entre un 20 y un 70 por 100 de la jornada de trabajo.
c) Entre un 10 y un 80 por 100 de la jornada de trabajo.
d) Entre un 10 y un 70 por 100 de la jornada de trabajo.

10. Según el artículo 51.1 del Estatuto de los Trabajadores, en las empresas que ocupen menos de cien trabajadores, se entenderá por despido colectivo la extinción de contratos de trabajo fundada en causas económicas, técnicas, organizativas o de producción cuando, en un periodo de noventa días, la extinción afecte al menos a:

a) 10 trabajadores.
b) 20 trabajadores.
c) El 20 % de los trabajadores.
d) Un tercio de los trabajadores.

11. Según el artículo 40.4 del Estatuto de los Trabajadores, la obligación de reserva, por parte de la empresa, del puesto de trabajo de la trabajadora trasladada por razón de violencia de género, tendrá una duración de:

a) 6 meses.
b) 1 año.
c) 2 años.
d) Entre 6 meses y 1 año.

12. Según el artículo 46.2 del Estatuto de los Trabajadores, el trabajador con al menos una antigüedad en la empresa de un año tiene derecho a que se le reconozca la posibilidad de situarse en excedencia voluntaria por un plazo no menor a cuatro meses y no mayor a:

a) 3 años.
b) 5 años.
c) 7 años.
d) 9 años.

13. Según el artículo 56 del ET, cuando el despido sea declarado improcedente, el empresario, en el plazo de cinco días desde la notificación de la sentencia, podrá optar entre la readmisión del trabajador o el abono de una indemnización equivalente a:

a) 22 días de salario por año de servicio, prorrateándose por meses los periodos de tiempo inferiores a un año, hasta un máximo de veinticuatro mensualidades.

b) 33 días de salario por año de servicio, prorrateándose por meses los periodos de tiempo inferiores a un año, hasta un máximo de veinticuatro mensualidades.

c) 44 días de salario por año de servicio, prorrateándose por meses los periodos de tiempo inferiores a un año, hasta un máximo de veinticuatro mensualidades.

d) 55 días de salario por año de servicio, prorrateándose por meses los periodos de tiempo inferiores a un año, hasta un máximo de veinticuatro mensualidades.

14. Señala cuál de los siguientes no es un deber laboral básico establecido en el artículo 5 del TR-ET:

a) Cumplir con las obligaciones concretas de su puesto de trabajo, de conformidad a las reglas de la buena fe y diligencia.

b) Observar las medidas de seguridad e higiene que se adopten.

c) Cumplir las órdenes e instrucciones del empresario en el ejercicio regular de sus facultades directivas.

d) Todos son deberes laborales básicos.

15. ¿En qué caso no podrá efectuarse la prestación laboral de un trabajador para diversos empresarios?

a) En ningún caso.

b) Cuando se estime concurrencia desleal.

c) Cuando se pacte la plena dedicación mediante compensación económica expresa, en los términos que al efecto se convengan.

d) Las respuestas b) y c) son correctas.

Solución al test n.º 9

1. b) En el artículo 1.1 del Real Decreto Legislativo 2/2015, de 23 de octubre, por el que se regula el Texto Refundido de la Ley del Estatuto de los Trabajadores.

2. d) Ser viable económicamente.

3. a) La prestación de servicios ha de ser voluntaria.

4. a) Los servicios retribuidos se prestan por cuenta ajena.

5. b) Pueden serlo personas físicas, jurídicas, o comunidades de bienes.

6. d) 6 años.

7. c) 20 días de salario por año de servicio, con un máximo de doce mensualidades.

8. c) 30 trabajadores.

9. d) Entre un 10 y un 70 por 100 de la jornada de trabajo.

10. a) 10 trabajadores.

11. a) 6 meses.

12. b) 5 años.

13. b) 33 días de salario por año de servicio, prorrateándose por meses los periodos de tiempo inferiores a un año, hasta un máximo de veinticuatro mensualidades.

14. d) Todos son deberes laborales básicos.

15. d) Las respuestas b) y c) son correctas.

TEST N.º 10

Referencias al personal laboral en el Texto Refundido de la Ley del Estatuto Básico del Empleado Público, aprobado por el Real Decreto Legislativo 5/2015, de 30 de octubre

1. Señala la respuesta incorrecta respecto al régimen jurídico del personal laboral:

a) La Jurisdicción competente en esta materia es la Contencioso-Administrativa.

b) Dentro de este personal, por razón de la fijeza de su vinculación a la Entidad de que se trate, se distingue entre los contratados indefinidamente y los contratados temporalmente.

c) La selección de este personal se hará por concurso, concurso-oposición u oposición libre.

d) La contratación de este personal corresponde al Alcalde o al Presidente de la Diputación Provincial, a quien compete, también, la asignación del mismo a los distintos puestos de trabajo de carácter laboral previstos en las Relaciones de Puestos de Trabajo aprobadas por la Corporación, de acuerdo con la legislación laboral.

2. No se rigen por el Derecho Administrativo el/los:

a) Funcionarios.
b) Laborales.
c) Personal Eventual.
d) Interinos.

3. El sistema normal de selección de los laborales es el/la:

a) Oposición libre.
b) Concurso.
c) Concurso-oposición.
d) Todas las respuestas anteriores son correctas.

4. El Texto Refundido de la Ley del Estatuto Básico del Empleado Público se aprobó por:

a) Real Decreto Legislativo 12/2007, de 13 de marzo.
b) Real Decreto Legislativo 5/2012, de 13 de mayo.
c) Real Decreto Legislativo 5/2015, de 30 de octubre.
d) Real Decreto Legislativo 3/2015, de 14 de abril.

5. Tiene especial trascendencia en la regulación de las relaciones laborales del Personal Laboral el/la:

a) Texto Refundido de la Ley del Estatuto de los Trabajadores.
b) Legislación general de funcionarios.
c) Convenio Colectivo propio.
d) Las respuestas a) y c) son correctas.

6. Un Decreto de un Presidente de una Diputación Provincial despidiendo a un laboral al servicio de la misma:

a) Es nulo de pleno derecho al dictarse por órgano manifiestamente incompetente.
b) Basta para que se lleve a cabo dicho despido.
c) Debe ser ratificado por el Pleno de la Corporación.
d) Ha de confirmarse ante el correspondiente Juzgado de lo Social.

7. La no concurrencia con la actividad de la empresa, respecto de este Personal Laboral:

a) Es un derecho del mismo.
b) Significa que pueden trabajar en la esfera privada, haciendo la competencia a la propia Corporación.
c) Le impide desempeñar cualquier tipo de trabajo fuera de la Corporación.
d) Es un deber del mismo, por el cual no puede hacerle la competencia a la Corporación.

8. Conforme al Texto Refundido de la Ley del Estatuto Básico del Empleado Público (TR-LEBP):

a) Este Estatuto tiene por objeto determinar las normas aplicables a los funcionarios públicos al servicio de las Administraciones Públicas.
b) Este Estatuto se aplica al personal funcionario y en lo que proceda al personal laboral al servicio de las Administraciones Públicas.
c) Este Estatuto tiene por objeto establecer las bases del régimen aplicable al personal laboral incluido en su ámbito de aplicación.
d) Este Estatuto se aplica al personal laboral y en lo que proceda al personal funcionario al servicio de las Administraciones Públicas.

9. Conforme al artículo 7 del TR-LEBEP, el personal laboral al servicio de las Administraciones Públicas se regirá por este Estatuto en materia de permisos por:

a) Enfermedad grave de familiares de primer grado.
b) Matrimonio.
c) Traslado de residencia.
d) Lactancia.

10. Según el artículo 32.1 del TR-LEBEP, la negociación colectiva, representación y participación de los empleados públicos con contrato laboral:

a) Se rige por la misma legislación de los funcionarios.
b) Se rige básicamente por el EBEP.
c) Se rige por la legislación laboral, sin perjuicio de los preceptos del capítulo IV del título III del EBEP que expresamente les son de aplicación.
d) Se rige exclusivamente por la legislación laboral.

11. Según el artículo 32.2 del TR-LEBEP:

a) No se puede garantizar el cumplimiento de los convenios colectivos y acuerdos que afecten al personal laboral.
b) Los convenios colectivos y acuerdos que afecten al personal laboral son de obligado cumplimiento, sin excepciones.
c) Se garantiza el cumplimiento de los convenios colectivos y acuerdos que afecten al personal laboral, salvo cuando excepcionalmente y por causa grave de interés público derivada de una alteración sustancial de las circunstancias económicas, los órganos de gobierno de las Administraciones Públicas suspendan o modifiquen el cumplimiento de convenios colectivos o acuerdos ya firmados en la medida estrictamente necesaria para salvaguardar el interés público.
d) Se garantiza el cumplimiento de los convenios colectivos y acuerdos que afecten al personal laboral, salvo cuando excepcionalmente en situaciones de emergencia, las Cortes Generales o las Asambleas autonómicas suspendan o modifiquen el cumplimiento de convenios colectivos o acuerdos ya firmados en la medida estrictamente necesaria para salvaguardar el interés público.

12. En relación con la suspensión o modificación del cumplimiento de convenios colectivos o acuerdos que afecten al personal laboral de las Administraciones Públicas, es cierto que:

a) Las Administraciones Públicas deberán informar a las organizaciones sindicales de las causas de la suspensión o modificación.
b) Las Administraciones Públicas deberán informar a cada trabajador de las causas de la suspensión o modificación.
c) Las organizaciones sindicales deberán informar a cada trabajador de las causas de la suspensión o modificación.
d) Las Administraciones Públicas deberán informar a las Cortes Generales o las Asambleas autonómicas de las causas de la suspensión o modificación, para su ratificación.

13. Según el artículo 57.4 del TR-LEBEP, ¿pueden acceder a las Administraciones Públicas, como personal laboral, los extranjeros con residencia legal en España?

a) No, el acceso a las Administraciones Públicas está limitado a los españoles.
b) No, solo pueden acceder a algunas plazas como personal funcionario.
c) Sí, siempre que existan acuerdos de reciprocidad con sus países.
d) Sí, en igualdad de condiciones que los españoles.

14. Procederá la readmisión del personal laboral fijo:

a) Cuando sea declarado improcedente el despido acordado como consecuencia de la incoación de un expediente disciplinario por la comisión de una falta grave.
b) Cuando sea declarado improcedente el despido acordado como consecuencia de la incoación de un expediente disciplinario por la comisión de una falta muy grave.
c) Cuando sea declarado improcedente el despido acordado como consecuencia de la incoación de un expediente disciplinario por la comisión de cualquier tipo de falta.
d) Ninguna respuesta es correcta.

15. El alcance de las sanciones que pueden imponerse al personal laboral se establecerá teniendo en cuenta:

a) El grado de intencionalidad, descuido o negligencia que se revele en la conducta.
b) El daño al interés público y la reiteración o reincidencia.
c) El grado de participación.
d) Todas son correctas.

Solución al test n.º 10

1. a) La Jurisdicción competente en esta materia es la Contencioso-Administrativa.

2. b) Laborales.

3. d) Todas las respuestas anteriores son correctas.

4. c) Real Decreto Legislativo 5/2015, de 30 de octubre.

5. d) Las respuestas a) y c) son correctas.

6. b) Basta para que se lleve a cabo dicho despido.

7. d) Es un deber del mismo, por el cual no puede hacerle la competencia a la Corporación.

8. b) Este Estatuto se aplica al personal funcionario y en lo que proceda al personal laboral al servicio de las Administraciones Públicas.

9. d) Lactancia.

10. c) Se rige por la legislación laboral, sin perjuicio de los preceptos del capítulo IV del título III del EBEP que expresamente les son de aplicación.

11. c) Se garantiza el cumplimiento de los convenios colectivos y acuerdos que afecten al personal laboral, salvo cuando excepcionalmente y por causa grave de interés público derivada de una alteración sustancial de las circunstancias económicas, los órganos de gobierno de las Administraciones Públicas suspendan o modifiquen el cumplimiento de convenios colectivos o acuerdos ya firmados en la medida estrictamente necesaria para salvaguardar el interés público.

12. a) Las Administraciones Públicas deberán informar a las organizaciones sindicales de las causas de la suspensión o modificación.

13. d) Sí, en igualdad de condiciones que los españoles.

14. b) Cuando sea declarado improcedente el despido acordado como consecuencia de la incoación de un expediente disciplinario por la comisión de una falta muy grave.

15. d) Todas son correctas.

Riesgos generales y su prevención. El riesgo de Incendio en edificios públicos: Planes de Emergencia y Evacuación. Los medios de extinción de incendios. La manipulación manual de cargas: criterios preventivos. Conceptos básicos sobre primeros auxilios

1. Avisar de la forma más rápida a los equipos de emergencia del propio establecimiento e informar al resto de los equipos y solicitar en su caso ayudas de intervención externa, cuando se produce una emergencia, es:

a) Alarmar.
b) Alertar.
c) Apremiar.
d) Detectar.

2. El aviso o señal por la que se informa a las personas para que sigan instrucciones específicas ante una situación de emergencia, es:

a) Alerta.
b) Detección.
c) Alarma.
d) Auxilio.

3. Ante una situación de emergencia, el trabajador debe:

a) Seguir trabajando mientras pueda.
b) Dirigirse, ya en el exterior, a un punto de reunión.
c) Quedarse en los lavabos o lugares cerrados.
d) Confiar, sobre todo, en su instinto.

4. Aquella situación en la que los parámetros definidores del riesgo, evidencian que la materialización del mismo, puede ser inminente, se denomina:

a) Preemergencia.
b) Conato.

c) Emergencia parcial.
d) Emergencia primaria.

5. Aquella situación que puede ser controlada y solucionada de forma sencilla y rápida por el personal y medios de protección del local, dependencias o sector, se llama:

a) Preemergencia.
b) Conato de emergencia.
c) Emergencia parcial.
d) Emergencia primaria.

6. Aquella situación que para ser dominada, requiere la actuación de equipos especiales del sector, se denomina:

a) Emergencia sectorial.
b) Emergencia básica.
c) Preemergencia.
d) Emergencia parcial.

7. ¿A quién corresponde establecer la situación de emergencia en función del nivel de gravedad?

a) Al Jefe de Intervención.
b) Al Director del Plan de Actuación.
c) Al responsable de los Servicios Públicos de Extinción de Incendios y Salvamento.
d) Al Director del Plan de Autoprotección.

8. En un plan de autoprotección, ¿a qué se denominan "Equipos de Primera Intervención" (EPI)?

a) Son los que en una situación de emergencia organizan en primer lugar la evacuación del edificio a la espera de las instrucciones del Jefe de Emergencia.
b) Son los que en una situación de emergencia acuden al lugar donde se haya producido la emergencia para intentar su control y poner en funcionamiento el sistema de alarma.
c) También llamados Equipos de Protección Individual, incluyen cualquier equipo destinado a ser llevado o sujetado por el trabajador para que le proteja de los riesgos para su seguridad y salud laboral.
d) Son las brigadas contra incendios que actúan cuando la emergencia se considera grave.

9. Asume la dirección y coordinación de los equipos de emergencia en el lugar del accidente:

a) El Jefe de Intervención.
b) El Director del Plan de Actuación.
c) El responsable de los Servicios Públicos de Extinción de Incendios y Salvamento.
d) El Director del Plan de Autoprotección.

10. Su misión es asegurar una evacuación total y ordenar su sector y/o establecimiento y garantizar que se ha dado la alarma. Nos referimos a:

a) El Equipo de Primeros Auxilios (EPA).
b) El Equipo de Segunda Intervención (ESI).
c) El Equipo de Primera Intervención (EPI).
d) El Equipo de Alarma y Evacuación (EAE).

11. Las salidas del establecimiento, planta o inmueble tendrán una señal con el rótulo "SALIDA", excepto en edificios de uso Residencial Vivienda y, en otros usos, cuando se trate de salidas de recintos que sean fácilmente visibles y cuya superficie no exceda de:

a) 50 m².
b) 100 m².
c) 200 m².
d) 400 m².

12. Deben disponerse señales indicativas de dirección de los recorridos, visibles desde todo origen de evacuación desde el que no se perciban directamente las salidas o sus señales indicativas y en particular, frente a toda salida de un recinto, que acceda lateralmente a un pasillo, y que tenga una ocupación mayor de:

a) 50 personas.
b) 100 personas.
c) 140 personas.
d) 200 personas.

13. Las señales de salida de uso habitual o de emergencia, cuando la distancia de observación esté comprendida entre 20 y 30 metros, tendrán un tamaño de:

a) 210 x 210 mm.
b) 420 x 420 mm.
c) 594 x 594 mm.
d) 360 x 360 mm.

14. El lugar físico desde donde el Director del Plan de Actuación en Emergencias dirige la resolución de la misma, es:

a) El Centro de Control.
b) El Lugar de reunión.
c) El Centro directivo.
d) La Zona de Refugio.

15. El emplazamiento de los extintores permitirá que sean fácilmente visibles y accesibles, estarán situados próximos a los puntos donde se estime mayor probabilidad de iniciarse el incendio, a ser posible próximos a las salidas de evacuación y preferentemente sobre soportes fijados a paramentos verticales, de modo que la parte superior del extintor quede, como máximo, a:

a) 1,50 metros sobre el suelo.
b) 1,70 metros sobre el suelo.
c) 1 metro sobre el suelo.
d) Ninguna de las respuestas es correcta.

16. Los pulsadores de alarma se situarán de modo que la distancia máxima a recorrer, desde cualquier punto hasta alcanzar un pulsador, no supere:

a) 15 metros.
b) 25 metros.
c) 40 metros.
d) 60 metros.

17. La señal de alarma generada desde el puesto de control será:

a) En todo caso audible.
b) En todo caso visible.
c) Será audible únicamente cuando la luminosidad del sector sea muy alta.
d) Será visible cuando el nivel de ruido donde deba ser percibida supere los 200 dB.

18. Cuando se prevean riesgos de heladas, las columnas hidrantes serán del tipo:

a) Columna seca.
b) Hidrante de arqueta.
c) Boca hidrante.
d) Columna líquida.

19. Las bocas de incendio equipadas pueden ser de los tipos:

a) 20 mm y 50 mm.
b) 30 mm y 55 mm.

c) 25 mm y 45 mm.
d) 15 mm y 40 mm.

20. Las bocas de incendio equipadas (BIE) se situarán, siempre que sea posible, a una distancia máxima de la salida de cada sector, de:

a) 5 metros.
b) 10 metros.
c) 15 metros.
d) 20 metros.

21. El socorrista en caso de quemaduras no debe:

a) Avisar una ambulancia.
b) El socorrista debe aplicar agua en abundancia en la quemadura para enfriarla y reducir el dolor (de 20 a 30 minutos), quitando ropas, joyas y todo aquello que mantenga el calor. Si aparecen temblores, tapar a la persona herida con una manta.
c) Cubrir la lesión con un vendaje seco y limpio (sábanas, pañuelos, camisetas, etc).
d) Aplicar en las mismas sustancias tales como pomadas, mantequilla, aceite, vinagre, etc.

22. Cuando el socorrista ha procedido a evaluar al herido y este se encuentra inconsciente, debe situarlo en la mejor posición de seguridad y esta es:

a) Intentar incorporarlo para que recupere la consciencia.
b) Colocarlo en posición lateral y esperar a que sea trasladado por los medios adecuados.
c) Colocar a la víctima sentada en el suelo y siempre con el tronco erguido para conseguir que la cabeza esté más alta que el resto del cuerpo.
d) Quitar la ropa de la víctima lo antes posible para impedir que las posibles heridas estén en contacto con nada.

23. El tratamiento de primeros auxilios para un accidentado con lesiones térmicas, dependerá de la extensión y profundidad de la quemadura. Por ello, ante quemaduras de primer grado, el socorrista debe:

a) Lavar con agua fría o aplicar compresas humedecidas con agua, cubrir la quemadura con gasas estériles.
b) Reventar las ampollas lo antes posible para que no se sequen.
c) Una vez enfriada la quemadura, ésta no debe cubrirse en ningún caso.
d) Mantenerse sin actuación de ningún tipo a la espera de que pueda ser trasladado el accidentado al hospital más cercano.

24. Las acciones que debe tomarse ante un accidentado en llamas nunca deben consistir en:

a) La primera actuación será apagar las llamas (se ha de evitar que el accidentado corra).
b) Utilizar extintores para apagar las llamas.

c) Cubrir con una manta o hacer que ruede por el suelo; en última instancia echarse sobre él.

d) Observar con rapidez si respira (la víctima ha podido inspirar llamadas, gases o aire caliente produciéndole graves quemaduras en las vías respiratorias) y si tiene pulso. En caso negativo, se procede a la reanimación cardiopulmonar básica.

25. Un torniquete nunca deberá utilizarse:

a) Para grandes hemorragias arteriales, amputación traumática y aplastamientos prolongados.

b) Por encima de la herida cuando sea hemorragia arterial y por debajo de la herida cuando sea hemorragia venosa.

c) Aflojándolo cada dos horas para evitar gangrena.

d) En casos extremos y cuando otros recursos no han logrado detener el sangrado.

26. Las pautas básicas de los primeros auxilios se recogen bajo la denominación de las siglas:

a) P.A.S.

b) P.A.C.

c) P.A.M.

d) P.A.L.

27. Un masaje cardiaco se practica mediante una compresión externa del corazón pretendiendo que éste vuelva a latir y distribuya la sangre por todo el organismo. La compresión debe hacerse de tal manera que consigamos que el tórax:

a) Descienda 4 o 5 centímetros y a un ritmo alto de 80-100 veces por minuto.

b) Descienda 1 o 2 centímetros y a un ritmo medio de 50-60 veces por minuto.

c) Descienda 1 o 2 centímetros y a un ritmo bajo de 20-30 veces por minuto.

d) Ninguna de las respuestas es correcta.

28. La quemadura de grosor total, en la que se ven afectadas todas las capas de la piel incluyendo la dermis profunda, con una lesión de aspecto seco, chamuscado y blanquecino se la denomina:

a) Escara.

b) De primer grado.

c) De segundo grado.

d) Leve.

29. El pronóstico en el caso de quemaduras depende de la valoración de la gravedad de éstas; por ello, cuando se ha visto afectada la superficie corporal entre un 30 y un 50 por ciento, aquel será:

a) Leve.

b) Grave.

c) Muy grave.
d) Reservado.

30. En la actuación ante una fractura no se debe:

a) Proteger a la persona accidentada y procuraremos infundirle tranquilidad y confianza comentándole que ya se ha avisado a los servicios sanitarios.
b) Evitar movimientos innecesarios ya que podemos aumentar el dolor, agravar las lesiones e incluso involuntariamente desencadenar un cuadro de shock.
c) Inmovilizar la fractura en la misma posición en que se encuentra.
d) Intentar por nuestra cuenta reducir la fractura, esto es llevar al hueso a su posición normal.

31. Respecto a la inclinación del tronco en la manipulación manual de cargas, es correcto afirmar que:

a) La manipulación de una carga vigilando el centro de gravedad disminuye el riesgo de lesión en la zona.
b) La postura correcta al manejar una carga es con el tronco inclinado.
c) La postura correcta al manejar una carga es con la espalda derecha.
d) La técnica de levantamiento de la carga no afecta para una correcta manipulación.

32. En general, el peso máximo que se recomienda no sobrepasar en la manipulación manual de cargas es de:

a) 25 kg.
b) 30 kg.
c) 50 kg.
d) 20 kg.

33. Unas condiciones ideales de manipulación manual de cargas incluyen:

a) Levantamientos rápidos y continuados.
b) Espalda inclinada hacia delante.
c) Manejo de la carga sin giros ni inclinaciones.
d) Sujeción del objeto con una posición de la muñeca en ángulo de 90º.

34. En relación con la manipulación manual de cargas, la primera obligación del empresario es:

a) La formación e información de los trabajadores.
b) La vigilancia de la salud.
c) Evaluar los riesgos.
d) Evitar la manipulación manual.

35. A efectos prácticos, la Guía Técnica para la evaluación y prevención de los riesgos derivados de la manipulación manual de cargas considera carga a los objetos de:

a) Más de 1 kg.
b) Más de 3 kg.
c) Más de 5 kg.
d) Menos de 60 kg.

36. El riesgo de lesión será menor:

a) Cuanto más alejada esté la carga del cuerpo.
b) Cuanto más se gire el tronco.
c) Cuanto menor sea la frecuencia de la manipulación.
d) Cuanto menor sea el tiempo de descanso entre manipulaciones.

37. La Guía Técnica para la evaluación y prevención de los riesgos derivados de la manipulación manual de cargas recomienda que la profundidad de la carga no supere:

a) Los 25 cm.
b) Los 35 cm.
c) Los 60 cm.
d) Los 90 cm.

38. Según la Guía Técnica para la evaluación y prevención de los riesgos derivados de la manipulación manual de cargas, desde el punto de vista preventivo, lo ideal es no transportar la carga una distancia superior a:

a) 1 metro.
b) 3 metros.
c) 5 metros.
d) 10 metros.

39. Cuando los trayectos de manipulación manual de cargas no superan los 10 metros, el peso máximo acumulado transportado en una jornada de 8 horas de trabajo será de:

a) 3.000 kg.
b) 6.000 kg.
c) 10.000 kg.
d) 12.000 kg.

40. ¿Cuál de las siguientes acciones en la manipulación manual de cargas es correcta?

a) Doblar las piernas manteniendo en todo momento la espalda derecha, y mantener el mentón metido. No flexionar demasiado las rodillas.
b) Juntar los pies para proporcionar una postura estable y equilibrada para el levantamiento.
c) Girar el tronco antes de cambiar de dirección.
d) Sujetar firmemente la carga empleando ambas manos y separarla del cuerpo.

41. Según la Guía Técnica para la evaluación y prevención de los riesgos derivados de la manipulación manual de cargas, aquellas cargas sin asas que pueden sujetarse flexionando la mano 90º alrededor de la carga, se consideran de:

a) Agarre óptimo.
b) Agarre bueno.
c) Agarre regular.
d) Agarre malo.

42. El desplazamiento vertical ideal de una carga es de:

a) Hasta 25 cm.
b) Hasta 50 cm.
c) Hasta 100 cm.
d) Hasta 175 cm.

43. Cuando se maneja una carga entre dos personas la capacidad de levantamiento es:

a) La suma de sus capacidades individuales.
b) Dos tercios de la mayor de las capacidades de los dos trabajadores.
c) Dos tercios de la suma de sus capacidades individuales.
d) La mitad de la suma de sus capacidades individuales.

44. La Guía Técnica recomienda que no se deberían manipular cargas en postura sentada (siempre que sea en una zona próxima al tronco, evitando manipular cargas a nivel del suelo o por encima del nivel de los hombros y giros e inclinaciones del tronco) de más de:

a) 3 kilos.
b) 5 kilos.
c) 10 kilos.
d) 15 kilos.

Solución al test n.º 11

1. b) Alertar.

2. c) Alarma.

3. b) Dirigirse, ya en el exterior, a un punto de reunión.

4. a) Preemergencia.

5. b) Conato de emergencia.

6. d) Emergencia parcial.

7. b) Al Director del Plan de Actuación.

8. b) Son los que en una situación de emergencia acuden al lugar donde se haya producido la emergencia para intentar su control y poner en funcionamiento el sistema de alarma.

9. a) El Jefe de Intervención.

10. d) El Equipo de Alarma y Evacuación (EAE).

11. a) 50 m².

12. b) 100 personas.

13. c) 594 x 594 mm.

14. a) El Centro de Control.

15. b) 1,70 metros sobre el suelo.

16. b) 25 metros.

17. a) En todo caso audible.

18. a) Columna seca.

19. c) 25 mm y 45 mm.

20. a) 5 metros.

21. d) Aplicar en las mismas sustancias tales como pomadas, mantequilla, aceite, vinagre, etc.

22. b) Colocarlo en posición lateral y esperar a que sea trasladado por los medios adecuados.

23. a) Lavar con agua fría o aplicar compresas humedecidas con agua, cubrir la quemadura con gasas estériles.

24. b) Utilizar extintores para apagar las llamas.

25. c) Aflojándolo cada dos horas para evitar gangrena.

26. a) P.A.S.

27. a) Descienda 4 o 5 centímetros y a un ritmo alto de 80-100 veces por minuto.

28. a) Escara.

29. c) Muy grave.

30. d) Intentar por nuestra cuenta reducir la fractura, esto es llevar al hueso a su posición normal.

31. c) La postura correcta al manejar una carga es con la espalda derecha.

32. a) 25 kg.

33. c) Manejo de la carga sin giros ni inclinaciones.

34. d) Evitar la manipulación manual.

35. b) Más de 3 kg.

36. c) Cuanto menor sea la frecuencia de la manipulación.

37. b) Los 35 cm.

38. a) 1 metro.

39. c) 10.000 kg.

40. a) Doblar las piernas manteniendo en todo momento la espalda derecha, y mantener el mentón metido. No flexionar demasiado las rodillas.

41. c) Agarre regular.

42. a) Hasta 25 cm.

43. c) Dos tercios de la suma de sus capacidades individuales.

44. b) 5 kilos.

**Ortografía y cálculo acorde con la titulación
exigida para acceder a la convocatoria**

1. Una millonésima se representa por:

a) 1×10^{-7}
b) 1×10^{-6}
c) 1×10^{-5}
d) 1×10^{-4}

2. Una diezmilésima se representa por:

a) 1×10^{-7}
b) 1×10^{-6}
c) 1×10^{-5}
d) 1×10^{-4}

3. Una centena de millar se representa por:

a) 100.000 unidades.
b) 1×10^{5}
c) 1×10^{4}
d) Las respuestas a) y b) son correctas.

4. Indique la respuesta exacta de la siguiente operación:

25+327+1263

a) 1615
b) 1625
c) 1715
d) 1825

5. Indique la respuesta exacta de la siguiente operación:

6754+35,765+8,714+49

a) 6487,479
b) 6847,479
c) 6874,379
d) 6874,479

6. Indique la respuesta exacta de la siguiente operación:

0,325+1,034+0,0046

a) 1,6363
b) 2,3663
c) 1,3666
d) 1,3636

7. Indique la respuesta exacta de la siguiente operación:

564287 – 346721

a) 207566
b) 217566
c) 227656
d) 227756

8. Indique la respuesta exacta de la siguiente operación:

876965,68 – 99876,79

a) 777088,89
b) 777089,98
c) 787189,89
d) 787198,98

9. Indique la respuesta exacta de la siguiente operación:

1,987465 – 1,896754

a) 0,90711
b) 0,090711
c) 0,900711
d) 0,900171

10. Indique la respuesta exacta de la siguiente operación:

378 x 25

a) 9350
b) 9450
c) 9550
d) 9650

11. Indique la respuesta exacta de la siguiente operación:

65,32 X 100

a) 653,2
b) 6532
c) 653200
d) 0,6532

12. Indique la respuesta exacta de la siguiente operación:

0,3 x 1000

a) 30
b) 300
c) 3
d) 3000

13. Indique la respuesta exacta de la siguiente operación:

(5) · (-7) + (4)

a) - 31
b) 31
c) 39
d) -39

14. Indique la respuesta exacta de la siguiente operación:

(- 5) · (- 4) – (-13)

a) 7
b) 33
c) - 7
d) - 33

15. Indique la respuesta exacta de la siguiente operación:

$$17 + (-11) - (9 \cdot -14)$$

a) - 160
b) 123
c) 132
d) 160

16. Indique la respuesta exacta de la siguiente operación:

$$36,02 \times 19,17$$

a) 690,5043
b) 690,5034
c) 960,5043
d) 906,5034

17. Indique la respuesta exacta de la siguiente operación:

$$128,832 : 7,04$$

a) 18,3
b) 18,36
c) 28,36
d) 18,365

18. Convierta en decimal la siguiente fracción:

$$16/23$$

a) 0,6965
b) 0,6956
c) 0,6966
d) 0,6975

19. Convierta en decimal la siguiente fracción:

$$9/33$$

a) 0,3727
b) 0,2727
c) 0,3717
d) 0,2717

20. Indique la fracción generatriz del número:

0,0345

a) 345/10000
b) 345/1000
c) 345/100000
d) 345/100

21. ¿Cuál de las siguientes series tiene todas las palabras escritas correctamente desde el punto de vista ortográfico?

1.
a) Huida, baul, mastin, riada
b) Huvo, rincón, metro, uva
c) Sincero, retahíla, maullar, fe

2.
a) Filantropía, negociación, hiato, síntesis
b) Cenicero, campo, avusar, Renbrant
c) Habeis, mástil, honor, bucear

3.
a) Cálido, horóscopo, dí, adiós
b) Rencor, mallor, minar, callar
c) Cáliz, fungible, periscopio, hubo

4.
a) Enbolver, absorver, síntesis, sauce
b) Sugetar, pegnoctar, salvedad, pálido
c) Cabizbajo, albaricoque, desgravación, sellar

5.
a) Japón, agilidad, inconexo, incivil
b) Conyuge, elixir, obnuvilado, nobel
c) Salud, conpletar, veía, teatro

6.
a) Ejenplo, pendón, ruso, adversidaz
b) Idea, veo, datil, rehuí
c) Miembro, masticar, cavar, oler

7.
a) Occidente, cojera, deseo, impune
b) Ernia, hastío, ingerir, equipage
c) umilde, vibienda, bista, viruta

22. ¿Cuál de las siguientes frases tiene error ortográfico?

1.
a) No encuentro la formula adecuada
b) Un árbol con ramas frondosas
c) Estoy cambiando pañales todo el día

2.
a) ¿Por cuánto venderías el coche?
b) En galicia el clima es lluvioso y frío
c) Es imposible acceder a ese puesto

3.
a) El examen era largo y difícil
b) El pueblo rivereño era pequeño
c) El cansancio turba mis sentidos

4.
a) La espectación fué total
b) El niño ingirió lejía por equivocación
c) Está prohibido acampar en esta zona

5.
a) La caída será espectacular
b) El rostro del hombre era pálido y enjuto
c) Los examenes fueron recogidos con prontitud

6.
a) ¿Cuando sabrás arreglártelas por ti mismo?
b) Necesito tu compañía
c) El conserje comió con su esposa

7.
a) Es mejor que recojas y te vayas
b) El jóven asistió a la reunión
c) Me relaja ir de excursión

23. En las siguientes series, ¿qué palabra no contiene ningún error?

1.
a) Muchedumbre
b) Heroe
c) Relog

2.
a) Inconeso
b) Ajilidad
c) Inspección

3.
a) Inpresionar
b) Invalided
c) Improvisar

4.
a) Sufrajio
b) Sufterfubio
c) Sulfatar

5.
a) Embolver
b) Envanecer
c) Enturviar

6.
a) Dicidir
b) Espléndido
c) Sultan

7.
a) emviable
b) Suburvio
c) exuberante

24. Indique la palabra que está incorrectamente escrita:

1.
a) Desatención
b) Desauciar
c) Depredador

2.
a) Pedigüeño
b) Primojénito
c) Predecir

3.
a) Ebullición
b) Emanar
c) Efectibo

4.
a) Deliberar
b) Delinquir
c) Delesnable

5.
a) Extorsión
b) Exuberante
c) Extimación

6.
a) Defunsión
d) Permanecer
c) Detracción

7.
a) Exposisión
b) Elevar
c) Allegado

25. Indique qué palabra está correctamente acentuada:

1.
a) Húida
b) Caída
c) Ríada

2.
a) Cálido
b) Pólen
c) Díme

3.
a) Habéis
b) Véo
c) Críar

4.
a) Tomadór
b) Ruído
c) Raíz

5.
a) Maquinária
b) Maquinísta
c) Máquina

6.
a) Idéa
b) Huérfano
c) Maquinár

7.
a) Lomó
b) Cuchitril
c) Salúd

26. Indique qué palabra está correctamente acentuada:

1.
a) Cástor
b) Vendería
c) Hiáto

2.
a) Dehésa
b) Puérta
c) Ahíto

3.
a) Santería
b) Harapiénto
c) Santigüeis

4.
a) Peána
b) Milícia
c) Logístico

5.
a) Caérse
b) Vahído
c) Huído

27. Señale la frase que está escrita ortográficamente de manera correcta:

1.
a) No ha vuelto a venir
b) A entrado por la puerta equivocada
c) No se como ha vuelto ha estas horas

2.
a) ¿Por qué ha dicho que la comida sabe ha veneno?
b) ¿Ha qué hora ha llamado?
c) No ha habido otra oportunidad para nosotros

3.
a) La aflicción le supera
b) El acidente se cobró muchas víctimas
c) De oriente a ocidente, de norte a sur.... había gente por todas partes

4.
a) La visivilidad era nula a causa de la lluvia
b) Los abulenses son gente generosa y acogedora
c) La rivera del río estaba llena de muchos desperdicios

5.
a) El aire era axfisiante después del incendio
b) El escelente trato que nos dispensaron será recompensado
c) El asilo acogió con alegría a los ancianos

6.
a) Ya le dige que pronto volvería
b) Mi cónyugue es mi mejor amigo
c) Se erigió una estatua en su honor

7.
a) No hay dinero ha su disposición
b) Yo he llamado para hablar contigo
c) Ha ver si hayamos la solución

8.
a) Al amanecer el sol embellece el campo
b) El enblema era muy significativo para ella
c) El caballo empujó con gran aínco

9.
a) Para sujetar los libros pondremos un tope de cerámica
b) La cogera que le dejó el accidente era muy evidente
c) Debemos cuidar a los niños para que no tragen productos tóxicos

10.
a) La madured llega con la edad
b) Está en marcha la construción de mi casa
c) A pesar de no aparecer, no se ha disculpado

11.
a) Por ahora no se a dicho nada
b) Después el doctor me mandó un elíxir para enjuagarme
c) Si me recojes estaré lista pronto

12.
a) La gingivitis me ocasiona gran dolor
b) Hoy no a venido a verme
c) Sus costumbres e ideas son estemporáneas

13.
a) El conserge se negó a llevar las llaves
b) La inspección tendrá lugar el lunes
c) Ha pesar de todo, lo siento

Solución al test n.º 12

1. b) 1×10^{-6}

2. d) 1×10^{-4}

3. d) Las respuestas a) y b) son correctas.

4. a) 1615

5. a) 6487,479

6. d) 1,3636

7. b) 217566

8. a) 777088,89

9. b) 0,090711

10. a) 9350

11. b) 6532

12. b) 300

13. a) - 31

14. b) 33

15. c) 132

16. b) 690,5034

17. a) 18,3

18. b) 0,6956

19. b) 0,2727

20. a) 345/10000

21.

    1. c)

    2. a)

    3. c)

    4. c)

    5. a)

    6. c)

    7. a)

22.

    1. a)

    2. b)

    3. b)

    4. a)

    5. c)

    6. a)

    7. b)

23.

    1. a)

    2. c)

    3. c)

    4. c)

    5. b)

    6. b)

    7. c)

24.

    1. b)

    2. b)

    3. c)

    4. c)

    5. c)

6. a)

7. a)

25.
    1. b)

    2. a)

    3. a)

    4. c)

    5. c)

    6. b)

    7. b)

26.
    1. b)

    2. c)

    3. a)

    4. c)

    5. b)

27.
    1. a)

    2. c)

    3. a)

    4. b)

    5. c)

    6. c)

    7. b)

    8. a)

    9. a)

    10. c)

    11. b)

    12. a)

    13. b)

TEST DE ORTOGRAFÍA

CUESTIONARIO 1

¿Cuál de las siguientes series tiene todas las palabras escritas correctamente desde el punto de vista ortográfico?

1.

a) Huida, baul, mastin, riada.
b) Huvo, rincón, metro, uva
c) Sincero, retahíla, maullar, fe.
d) Ejenplo, pendón, ruso, adversidaz.

2.

a) Filantropía, negociación, hiato, síntesis.
b) Cenicero, campo, avusar, Renbrant.
c) Habeis, mástil, honor, bucear.
d) Idea, veo, datil, rehuí.

3.

a) Cálido, horóscopo, dí, adiós.
b) Rencor, mallor, minar, callar.
c) Mienbro, masticar, cabar, oler.
d) Cáliz, fungible, periscopio, hubo.

4.

a) Enbolver, absorver, síntesis, sauce.
b) Sugetar, pegnoctar, salvedad, pálido.
c) Cabizbajo, albaricoque, desgravación, sellar.
d) Ocidente, cogera, deseo, impune.

5.

a) Japón, agilidad, inconexo, incivil.
b) Conyuge, elixir, obnuvilado, nobel.

c) Salud, conpletar, veía, teatro.
d) Ernia, hastío, ingerir, equipage.

¿Cuál de las siguientes frases tiene error ortográfico?

6.

a) No encuentro la formula adecuada.
b) Un árbol con ramas frondosas.
c) Estoy cambiando pañales todo el día.
d) Necesito tu compañía.

7.

a) ¿Por cuánto venderías el coche?
b) En galicia el clima es lluvioso y frío.
c) Es imposible acceder a ese puesto.
d) El conserje comió con su esposa.

8.

a) El examen era largo y difícil.
b) El pueblo rivereño era pequeño.
c) El cansancio turba mis sentidos.
d) Me relaja ir de excursión.

9.

a) La espectación fué total.
b) El niño ingirió lejía por equivocación.
c) Está prohibido acampar en esta zona.
d) Es mejor que recojas y te vayas.

10.

a) La caída será espectacular.
b) El rostro del hombre era pálido y enjuto.
c) Los examenes fueron recogidos con prontitud.
d) ¿Cuándo sabrás arreglártelas por ti mismo?

En las siguientes series, ¿qué palabra no contiene ningún error?

11.

a) Muchedumbre.
b) Heroe.

c) Relog.
d) Dicidir.

12.

a) Inconeso.
b) Ajilidad.
c) Inspección.
d) Suburvio.

13.

a) Inpresionar.
b) Invalided.
c) Imviable.
d) Improvisar.

14.

a) Sufrajio.
b) Sufterfubio.
c) Sulfatar.
d) Sultan.

15.

a) Embolver.
b) Envanecer.
c) Enturviar.
d) Espléndido.

Indica la palabra que está incorrectamente escrita.

16.

a) Desatención.
b) Desauciar.
c) Depredador.
d) Defunción.

17.

a) Pedigüeño.
b) Primojénito.
c) Predecir.
d) Permanecer.

18.

a) Ebullición.
b) Emanar.
c) Efectibo.
d) Elevar.

19.

a) Deliberar.
b) Delinquir.
c) Detracción.
d) Delesnable.

20.

a) Extorsión.
b) Exuberante.
c) Extimación.
d) Exposición.

Indica qué palabra está correctamente acentuada.

21.

a) Huída.
b) Caída.
c) Ríada.
d) Idéa.

22.

a) Cálido.
b) Pólen.
c) Díme.
d) Salúd.

23.

a) Habéis.
b) Véo.
c) Críar.
d) Cuchitríl.

24.

a) Tomadór.
b) Ruído.
c) Raíz.
d) Lomó.

25.

a) Maquinária.
b) Maquinísta.
c) Máquina.
d) Maquinár.

En la siguiente serie de palabras, indica cuál está incorrectamente separada en sílabas.

26.

a) Ve-í-a.
b) Pe-on-za.
c) Bu-ce-o.
d) Hu-i-do.

27.

a) De-sa-ví-o.
b) A-con-te-ci-ó.
c) Lám-pa-ra.
d) Len-gua.

28.

a) Buey.
b) Pe-rí-o-di-co.
c) I-de-a.
d) Re-o.

29.

a) Co-he-ren-cia.
b) En-he-brar.
c) Ma-rí-a.
d) A-ve-ri-güe-is.

30.

a) Re-co-gí-ais.
b) Te-a-tro.
c) Mu-e-la.
d) I-de-áis.

Indica qué palabra está correctamente acentuada.

31.

a) Cástor.
b) Vendería.
c) Hiáto.
d) Ilegál.

32.

a) Dehésa.
b) Puérta.
c) Piáno.
d) Ahíto.

33.

a) Santería.
b) Harapiénto.
c) Santigüeis.
d) Visionár.

34.

a) Peána.
b) Milícia.
c) Logístico.
d) Ejercício.

35.

a) Caérse.
b) Vahído.
c) Huído.
d) Manído.

Señala la frase que está escrita ortográficamente de manera correcta.

36.

a) No ha vuelto a venir.
b) A entrado por la puerta equivocada.
c) No se como ha vuelto ha estas horas.
d) Por ahora no se a dicho nada.

37.

a) ¿Por qué ha dicho que la comida sabe ha veneno?
b) ¿Ha qué hora ha llamado?
c) No ha habido otra oportunidad para nosotros.
d) Ha pesar de todo, lo siento.

38.

a) La aflicción le supera.
b) El acidente se cobró muchas víctimas.
c) De oriente a ocidente, de norte a sur…. había gente por todas partes.
d) La inspeción tendrá lugar el lunes.

39.

a) La visivilidad era nula a causa de la lluvia.
b) Los abulenses son gente generosa y acogedora.
c) La rivera del río estaba llena de muchos desperdicios.
d) Por la cabeza pasaron cabilaciones y creencias negativas.

40.

a) El aire era axfisiante después del incendio.
b) El escelente trato que nos dispensaron será recompensado.
c) El asilo acogió con alegría a los ancianos.
d) Sus costumbres e ideas son estemporáneas.

41.

a) Ya le dige que pronto volvería.
b) Mi cónyugue es mi mejor amigo.
c) El conserge se negó a llevar las llaves.
d) Se erigió una estatua en su honor.

42.

a) No hay dinero ha su disposición.
b) Yo he llamado para hablar contigo.
c) Ha ver si hayamos la solución.
d) Hoy no a venido a verme.

43.

a) Al amanecer el sol embellece el campo.
b) El enblema era muy significativo para ella.
c) El caballo empujó con gran aínco.
d) La ginjivitis me ocasiona gran dolor.

44.

a) Para sujetar los libros pondremos un tope de cerámica.
b) La cogera que le dejó el accidente era muy evidente.
c) Debemos cuidar a los niños para que no tragen productos tóxicos.
d) Si me recojes estaré lista pronto.

45.

a) La madured llega con la edad.
b) Está en marcha la construción de mi casa.
c) A pesar de no aparecer, no se ha disculpado.
d) Después el doctor me mandó un elisir para enjuagarme.

CUESTIONARIO 2

Observa detenidamente el siguiente texto. Se ha distribuido en pequeños párrafos para facilitar su identificación. A continuación responde a las preguntas atendiendo al número de errores.

Párrafo 1

El doctor forschung, profesor ordinario de la facultad, afortunado autor de briyantes descubrimientos fisiologicos y bazteriologicos, vivía todo lo felíz que pueden vivir los sabios a quienes desbelan y desasosiegan la fiebre deboradora de la investigación y el afan de emular gloriosas reputaciones.

Párrafo 2

Cincuenta años tenia, y era alto, enjuto, pelirojo, con ojos verdes, llenos de vondad; labios delgados, que espresaban la ironia, y palabra sencilla y precisa, como acostunbraba ha traducir la verdad sin belos ni retoricos artificios. Visto de perfíl, mostraba una de esas cabezas prolongadas en forma de martiyo que parecen espresamente fabricadas para golpear ostinadamente en los echos hasta arrancarles chispas de luz.

Párrafo 3

Lijeramente agoviado de espaldas y flaco de brazos y piernas, semejaba la cepa en inbierno; como ella, ofrecia esterior seco y desapacible y producia, llegado el calor del pensamiento, frutos bellos y savrosos. En fín, nuestro sabio, sin ser deforme y antipatico, era lo bastante desgarvado y vulgar para no hacer del amor, cual la mayoria de los hombres, la perene preocupación de la vida.

Hayabase a la sazon forschung en plena fecundidaz científica.

Párrafo 4

Cada seis meses descubria un microvio patogeno, y cuando por excepción no hayaba nada nuevo, sabia demostrar ce por be que los microvios descritos por los bazteriologos ribales eran miserables vacilos descalificados o envolados, incapaces por ende de virtud patogena en el hombre y en los animales. Ya se comprendera que semejante aseberación no agradava ha los adversarios del maestro, que hubieran preferido topar con gérmenes morvosos capaces de llevar la desolación a media humanidaz.

Párrafo 5

Durante medio siglo, Forschung permaneció celibe por que no tuvo tiempo de enamorar ha las mujeres ni entró en sus cálculos complicar la vida con el cuidado de hijos y esposa. Y, sin duda, habria continuádo indefinidamente soltero, y provablemente dichoso, si el picaro Cupido, intrigado a urtadillas por Minerva, no le hubiera inoculado la terrible tosina del amor.

Cuentos de Vacaciones, S. Ramón y Cajal.

¿Cuántos errores hay en...?

1. Párrafo 2:

a) 10.
b) 13.
c) 14.
d) 12.

2. Párrafo 1:

a) 8.
b) 9.
c) 6.
d) 10.

3. Párrafo 5:

a) 6.
b) 10.
c) 9.
d) 8.

4. Párrafo 3:

a) 16.
b) 14.
c) 17.
d) 15.

5. Párrafo 4:

a) 16.
b) 14.
c) 17.
d) 19.

6. Párrafo 2, desde el comienzo hasta el primer punto:

a) 6.
b) 8.

c) 7.
d) 9.

7. Párrafo 2, desde el comienzo hasta el primer punto más Párrafo 1:

a) 16.
b) 18.
c) 17.
d) 19.

8. Párrafo 5, a partir de la palabra "esposa":

a) 7.
b) 6.
c) 5.
d) 4.

9. Párrafo 3, desde el comienzo hasta el primer punto:

a) 5.
b) 6.
c) 8.
d) 7.

10. Suma de errores de las preguntas 8 y 9:

a) 13.
b) 12.
c) 14.
d) 15.

11. Párrafo 4, a partir de la palabra "animales":

a) 5.
b) 7.
c) 6.
d) 4.

12. Suma de errores de las preguntas 2 y 6:

a) 16.
b) 19.
c) 17.
d) 18.

13. Resta de errores de los párrafos 1 y 5:

a) 0.
b) –1.
c) 1.
d) 2.

14. Resta de las preguntas 5 y 7:

a) 0.
b) –1.
c) 1.
d) 2.

15. Resta de las preguntas 1 y 4 más el resultado de la pregunta 13:

a) 0.
b) –1.
c) –3.
d) 1.

Solución al test de ortografía

Cuestionario 1

1. c) Sincero, retahíla, maullar, fe.

2. a) Filantropía, negociación, hiato, síntesis.

3. d) Cáliz, fungible, periscopio, hubo.

4. c) Cabizbajo, albaricoque, desgravación, sellar.

5. a) Japón, agilidad, inconexo, incivil.

6. a) No encuentro la formula adecuada.

7. b) En galicia el clima es lluvioso y frío.

8. b) El pueblo rivereño era pequeño.

9. a) La espectación fué total.

10. c) Los examenes fueron recogidos con prontitud.

11. a) Muchedumbre.

12. c) Inspección.

13. d) Improvisar.

14. c) Sulfatar.

15. b) Envanecer.

16. b) Desauciar.

17. b) Primojénito.

18. c) Efectibo.

19. d) Delesnable.

20. c) Extimación.

21. b) Caída.

22. a) Cálido.

23. a) Habéis.

24. c) Raíz.

25. c) Máquina.

26. d) Hu-i-do.

27. b) a-con-te-ci-ó.

28. b) pe-rí-o-di-co.

29. d) a-ve-ri-güe-is.

30. c) mu-e-la.

31. b) Vendería.

32. d) Ahíto.

33. a) Santería.

34. c) Logístico.

35. b) Vahído.

36. a) No ha vuelto a venir.

37. c) No ha habido otra oportunidad para nosotros.

38. a) La aflicción le supera.

39. b) Los abulenses son gente generosa y acogedora.

40. c) El asilo acogió con alegría a los ancianos.

41. d) Se erigió una estatua en su honor.

42. b) Yo he llamado para hablar contigo.

43. a) Al amanecer el sol embellece el campo.

44. a) Para sujetar los libros pondremos un tope de cerámica.

45. c) A pesar de no aparecer, no se ha disculpado.

Cuestionario 2

1. Párrafo 2: c) 14.

2. Párrafo 1: b) 9.

3. Párrafo 5: c) 9.

4. Párrafo 3: c) 17.

5. Párrafo 4: d) 19.

6. Párrafo 2, desde el comienzo hasta el primer punto: d) 9.

7. Párrafo 2, desde el comienzo hasta el primer punto + Párrafo 1: b) 18.

8. Párrafo 5, a partir de la palabra "esposa": b) 6.

9. Párrafo 3, desde el comienzo hasta el primer punto: d) 7.

10. Suma de errores de las preguntas 8 y 9: a) 13.

11. Párrafo 4, a partir de la palabra "animales": c) 6.

12. Suma de errores de las preguntas 2 y 6: d) 18.

13. Resta de errores de los párrafos 1 y 5: a) 0.

14. Resta de las preguntas 5 y 7: c) 1.

15. Resta de las preguntas 1 y 4 más el resultado de la pregunta 13: c) -3.

TEST DE CÁLCULO SENCILLO

1. ¿Cuál de las siguientes sumas es correcta?

a) 35 + 27 + 29 = 91
b) 10 + 10 + 11 = 101
c) 5 + 4 + 7 = 17

2. La suma de los siguientes números:

33 + 33 + 33 + 33 es:

a) 132
b) 232
c) 333

3. De las siguientes sumas, ¿cuál tiene como resultado 53?

a) 20 + 30 + 3
b) 10 + 40 + 8
c) 33 + 17 + 11

4. ¿Cuál es la suma total de 2.223.529 + 110.909 + 1.300 + 439?

a) 2.336.177
b) 22.337.214
c) 723.289

5. ¿Cuál de las siguientes igualdades es incorrecta?

a) 8 + 7 + 6 + 1 = (4 + 2 + 2) + (3 + 4) + (3 + 3) + (1 + 0)
b) (5 + 10) + (7 + 9) = (5 + 5) + (5 + 7) + (8) + (2 + 0)
c) 7 + 3 + 13 + 20 = (10 + 1) + (12 + 10) + (10)

6. ¿Qué número hay que añadir a los siguientes sumandos 7 + 3 + 14 + 27 para que la suma total sea 104?

a) 43
b) 53
c) 62

7. ¿Qué suma no corresponde al mismo total?

a) 750 + 506 + 13 + 1.802
b) 650 + 866 + 1.050 + 123
c) 714 + 1.145 + 842 + 370

8. De las siguientes sumas, ¿cuál no sobrepasa 9.701?

a) 359 + 729 + 5.814 + 2.801
b) 859 + 2.560 + 3.619 + 2.665
c) 585 + 907 + 8.010 + 101

9. ¿Qué suma es correcta?

a) 503 + 719 + 803 + 19.721 = 21.746
b) 2.316 + 4.789 + 1.485 + 713 = 8.561
c) 799 + 8.114 + 310 + 6.359 = 15.682

10. ¿Cuál de las siguientes igualdades es incorrecta?

a) 15 + 8 + (9 + 13) = 8 + 7 + 6 + (9 + 3)
b) (24) + (6) + (14) + (2) = (10 + 12) + (6 + 2) + (7 + 7) + (2)
c) (50 + 3) + 21 + (8) = 21 + (32 + 21) + 2 + (2 + 4)

11. ¿Qué operación es incorrecta?

a) 224.701 + 891.507 + 8.273 + 7.114 = 1.131.595
b) 1.159.521 + 7.300.027 + 328.713 + 284.888 = 9.173.149
c) 9.603.814 + 123.679 + 453.354 + 6.700 = 10.187.547

12. De las siguientes sumas, ¿cuál tiene como resultado 617.419?

a) 284.711 + 324.866 + 7.031 + 811
b) 124.319 + 320.803 + 172.200 + 98
c) 479.122 + 102.120 + 36.277

13. De las siguientes operaciones, ¿cuál no tiene como resultado 53.714?

a) 7.114 + 25.802 + 17.020 + 3.778
b) 13.890 + 20.507 + 9.819 + 9.498
c) 10.893 + 15.709 + 18.522 + 7.590

14. De los números 327.801, 509.809, 16.370, 608.309, 117.000, ¿cuáles son los que sumados tienen como total 643.179?

a) 327.801, 16.370, 117.000
b) 608.309, 16.370
c) 509.809, 16.370, 117.000

15. De las siguientes sumas, ¿cuál no tiene como resultado 12.309?

a) 909 + 3.607 + 893 + 5.800 + 1.203
b) 4.597 + 714 + 1.340 + 3.456 + 2.202
c) 7.193 + 2.888 + 675 + 1.553

16. ¿Qué número hay que añadir a los siguientes sumandos: 2.309 + 517 + 823 + 39 para que la suma total sea 4.277?

a) 598
b) 698
c) 589

17. ¿Qué suma es incorrecta?

a) 369.236 + 23.623 + 41.784 + 236 = 434.879
b) 1.025.439 + 584.756 + 6.230 + 32.659 = 1.749.084
c) 362.363 + 787.485 + 14.850 + 12.035 + 2.315 = 1.179.048

18. El resultado de la siguiente suma: 3,5 + 7,8 + 10,2 + 43,10 es:

a) 64,60
b) 65,6
c) 6,460

19. De las siguientes igualdades, cuál es correcta:

a) (7,2 + 3,6) + (109,7 + 91,39) = (0,72 + 3,60) + (10,97 + 91,39)
b) (2,5 + 7,9) + 724,0 + (239,193) = (2,5 + 0,79) + 724 + (239,193)
c) 112,0 + (314,7 + 0,29) + 39,0 = (0112 + 314,7) + 00,29 + 39

20. ¿Qué suma es correcta?

a) 3 + 75,8 + 45,72 + 809,303 = 933,8230
b) 0,23 + 0,145 + 0,4893 + 0,3 = 0,11643
c) 123,023 + 0236 + 0,01 = 1355,633

21. Dados los números 0,17 + 3,12 + 52,2 + 819,7, ¿qué sumando hay que añadirle para que el resultado sea mayor que el número 901?

a) 25,342
b) 25,82
c) 25,5693

22. Ordenar de menor a mayor los números: 2,56, 2,91, 2, 2,7, 2,01

a) 2, 2,01, 2,56, 2,7, 2,91
b) 2,91, 2,7, 2,56, 2,01, 2
c) 2,01, 2,7, 2,91, 2,56

23. De los números 0,258, 327,14808, 47, 27,83, 0,2, 72,00217, ¿cuáles debemos elegir para que la suma sea 119,26017?

a) 0,258 + 47 + 72,00217
b) 0,2 + 327,14808 + 47
c) 72,00217 + 0,258 + 27,83

24. Dadas dos igualdades, a la primera le sumamos 0,1 y a la segunda le sumamos 0,01; el resultado será:

a) Igual.
b) La primera igualdad será mayor que la segunda.
c) La primera igualdad será menor que la segunda.

25. ¿Cuál de las siguientes sumas tiene como total un número entero?

a) 25 + 10,13 + 5,002 + 39,109 + 65
b) 37 + 109,16 + 14,01 + 7,69 + 104
c) 3,27 + 5,32 + 10,63 + 321,6 + 78,5 + 0,68

26. La resta de los siguientes números: 327.814 – 109.214 – 50.809 – 36.809 es:

a) 240.781
b) 130.892
c) 130.982

27. ¿Qué operación es la realizada correctamente?

a) 15 + 3 – (13 – 12 – 1) + 9 = 25
b) –4 – 5 – (9 – 10) – 14 + 83 = 60
c) 43 + 8 – 7 – (9 – 10) – 50 = –5

28. De las siguientes operaciones, ¿cuál no tiene como resultado un número negativo?

a) –7 + 14 – 3 + 4 – 8 – 1
b) –84 + 27 – (12 + 14 – 33)
c) 10 – 14 + 11 – 20 – (7 – 8 – 9) + 8

29. ¿Qué resta tiene como resultado un número mayor que 304?

a) 2.809 – 711 – 1.300 – 504
b) 3.015 – 865 – 1.478 – 356 – 27
c) 6.666 – 5.067 – 807 – 301 – 186

30. De las siguientes operaciones, ¿cuál no tiene como resultado –14?

a) 614 – 913 + 84 – 19 + 220
b) 529 – (–7 + 9 + 314) – 115 – 113
c) 751 – 812 – (42 + 19) + 108

31. ¿Qué operación sobrepasa de –327?

a) –222 + 103 – 48 + 27 – 186
b) 1.050 – 2.039 + 407 – 707 + 906
c) 613 – 1.100 – (140 – 1.500 + 82) – (500 – 621)

32. La operación de los números –715 + (–811 – 615 + 227) – 83 + 109 es:

a) –2.890
b) 3.890
c) –1.888

33. ¿Qué número hay que añadir a –14 + 24 – [(2 + 4 – 8) – 19] + 7 para que el resultado sea 92?

a) 74
b) 54
c) 100

34. ¿Qué número hay que suprimir a (–314 + 211) – (61 + 16) para que el resultado sea –14?

a) –166
b) –44
c) 166

35. ¿Qué igualdad es correcta de las siguientes?

a) –2 – (3 + 4) – (6 – 7) = (–2 – 3) + (4 – 6 – 7)
b) 7 – (4 – 9) – 7 + (1 – 13) = – (–7 + 4) + 9 + (–7 + 1 – 13)
c) 5 + 2 – (3 – 10 – 1) + 2 = – (–5 – 2 + 3) + (10 – 1 – 2)

36. Ordenar de menor a mayor los siguientes números

–1'5, 2,6, –3,7, 4,8, 4,05, –4,06

a) –4,06, –3,7, –1,5, 2,6, 4,05, 4,8
b) –1,5, –3,7, –4,06, 2,6, 4,05, 4,8
c) –4,06, –1,5, –3,7, 4,8, 4,05, 2,6

37. ¿Qué igualdad es incorrecta?

a) $(3 \times 9) \times (4 \times 6) = 648$
b) $7 \times 10 \times 8 \times 14 = 7.840$
c) $14 \times 27 \times 6 \times 3 = 7.804$

38. ¿Qué igualdad es correcta?

a) $51 \times 3 \times 7 \times 9 = 8.639$
b) $13 \times 14 \times 12 \times 11 = 24.024$
c) $3 \times 3 \times 3 \times 4 = 208$

39. La propiedad asociativa de la multiplicación viene expresada por:

a) $(a \times b) \times (c \times d) = a \times (b \times c) \times d$
b) $a \times b \times c = c \times b \times a$
c) $a \times (b + c) = (a \times b) + (a \times c)$

40. La propiedad distributiva de la multiplicación viene expresada por:

a) $5 (3 + 4) = (5 \times 3) + (5 \times 4)$
b) $(3 \times 4) \times (5 \times 6) = (3 + 5) \times (4 + 6)$
c) $3 \times 1 = 3 \times 0$

41. Dados los números 52, 11, 31, 4, 9, 10, ¿cuáles tienen como producto 5.390?

a) $52 \times 11 \times 10$
b) $31 \times 52 \times 11$
c) $11 \times 10 \times 49$

42. ¿Cuál es el producto de $372 \times 101 \times 2 \times 9 \times (-1)$?

a) -676.296
b) 327.869
c) 534.296

43. ¿Qué igualdad es correcta?

a) $(4 + 5)[3 + 2 + 4 (5 + 6)] = (4 + 5)(3 + 2) + (4 \times 5) + (4 \times 6)$
b) $[(-1) \times (-2) \times 5](3 + 4) = (1 \times 2 \times 5 \times 3)(1 \times 2 \times 5 \times 4)$
c) $[(4 + 1)(3 + 2)] + 5(2 + 3) = (4 + 1)(3 + 2)(5 + 2)(5 + 3)$

44. ¿Qué número hay que añadir a los siguientes operadores para que el producto sea 85.652?

$$23 \times 14 \times 7 \times 19$$

a) 2
b) 7
c) 3

45. ¿Qué multiplicación es incorrecta?

a) 54 × 27 × 82 × 32.496 = 3.885.091.776
b) 27 × 9 × 100 × 811 = 19.707.300
c) 14 × 12 × 22 × 54 = 1.999.584

46. ¿Qué igualdad es incorrecta?

a) [(3 + 4) (6 + 2) 9 + 9 (3 + 6)] 7 − 7 + 6 = (9 × 7) (3 + 4) (6 + 2) + 7 (9 × 3) + + (9 × 6) 7 + 6 − 7
b) −[8 + 3 (4 + 6)] − [5 (3 − 1) − 8(4 + 3)] 2 = − 8 + 12 + 6 − (15 + 5 + 12 − 24) 2
c) [5 (1 + 4) − 3 (2 + 6)] (7 + 1) − 8 = (5 × 1) (7 + 1) + (5 × 4) (7 + 1) − (3 × 2) (7 + 1) − (3 × 6) (7 + 1) − 8

47. La expresión (8 × 4) + (9 × 4) + (3 × 4) − (4 × 9) se puede expresar como producto de los dos siguientes factores:

a) (8 + 9 + 3 − 9) 4
b) (8 × 4) [(9 × 4) + (3 × 4) − (4 × 9)]
c) 9 (4 + 4) (8 + 3)

48. De las siguientes, ¿cuál es una propiedad de la división?

a) Si el divisor es la unidad, el cociente es igual a 1.
b) Si el divisor es menor que la unidad, el cociente es menor que el dividendo.
c) Si el dividendo es menor que el divisor, el cociente es menor que la unidad.

49. ¿Qué divisiones tienen el cociente decimal?

a) 7.525 : 62; 13.740 : 18
b) 19.720 : 20; 566.088 : 458
c) 5.472 : 12; 276.325: 35

50. Si 78.965 es el cociente y 698 el divisor, ¿cuál es el dividendo?

a) 78.267
b) 55.117.570
c) 113,13037

51. ¿Qué cociente tiene la centésima mayor?

a) 15030,03 : 63,23
b) 88.741.002 : 983,213
c) 392.710 : 69,85

52. ¿Qué operación es realizada correctamente?

a) $[[(3 \times 5) : 6] + 8 (5 - 2)] : 2 = 13 + 0,25$
b) $[2 (5 + 6) - 7] : 3 + 9 (7 - 1) = 51$
c) $(8 \times 2 \times 6) : 4 + 7 (3 + 2) = 20$

53. Ordenar de menor a mayor las siguientes divisiones:

A = 119 : 390
B = 507 : 810
C = 907 : 1.050
D = 87 : 122
E = 91 : 177

a) D E A B C
b) D E A B C
c) A E B D C

54. ¿Qué operación es la realizada correctamente?

a) $[(5 + 6) : 2] + [(7 - 2) \times 7] - [(8 - 1) : 3] = (5 : 2) + (6 : 2) + (7 \times 7) - (2 \times 7) - (8 : 3) - (1 : 3)$
b) $[(1 : 3) + 7 (5 + 4 - 3)] 9 - 15 \times 2 = [1 : (3 \times 9)] + (7 \times 9 \times 5) + (7 \times 9 \times 4) - (7 \times 9 \times 3) - (15 \times 2)$
c) $[[(3 + 6) : (2 \times 5)] - [3 (9 - 1)]] : 7 = [3 : (2 \times 5 \times 7)] + [6 : (2 \times 5 \times 7)] - [(3 \times 9) : 7] + [(3 \times 1) : 7)]$

55. ¿Qué división tiene el cociente más pequeño?

a) 78.963,896 : 3265,52
b) 451.473,2 : 47,12
c) 3.632.687 : 169.985,87

56. ¿Qué cociente tiene la parte entera más pequeña?

a) 843,2221 : 23,54
b) 3797,2466 : 2774,5
c) 9724,0367 : 90,362

57. Ordenar los cocientes de las siguientes divisiones de menor a mayor:

A = 372,450 : 137,5
B = 4239,555 : 279,29
C = 727,477 : 77,739
D = 56,0301 : 1,203906
E = 856,0559 : 33,334

a) A C B E D
b) B E D C A
c) D A C E B

58. De los siguientes cocientes, ¿cuáles son números enteros?

a) $\dfrac{-6}{2}, \dfrac{2}{4}, \dfrac{-8}{3}, \dfrac{3}{5}$

b) $\dfrac{8}{16}, \dfrac{9}{4}, \dfrac{7}{2}, \dfrac{16}{8}$

c) $\dfrac{14}{2}, \dfrac{-24}{80}, \dfrac{15}{5}, \dfrac{6}{3}$

59. Ordenar de mayor a menor:

$$\dfrac{4}{3}, \dfrac{1}{2}, \dfrac{1}{6}, \dfrac{2}{5}, \dfrac{3}{2}$$

a) $\dfrac{4}{3} > \dfrac{3}{2} > \dfrac{2}{5} > \dfrac{1}{6} > \dfrac{1}{2}$

b) $\dfrac{3}{2} > \dfrac{4}{3} > \dfrac{1}{2} > \dfrac{2}{5} > \dfrac{1}{6}$

c) $\dfrac{1}{6} > \dfrac{2}{5} > \dfrac{3}{2} > \dfrac{1}{2} > \dfrac{4}{3}$

60. De las siguientes fracciones, ¿cuáles son decimales?

$$\dfrac{8}{4}, \dfrac{3}{9}, \dfrac{5}{3}, \dfrac{27}{3}, \dfrac{150}{5}, \dfrac{13}{15}, \dfrac{2}{14}, \dfrac{10}{2}$$

a) $\dfrac{8}{4}, \dfrac{27}{3}, \dfrac{150}{5}, \dfrac{10}{2}$

b) $\dfrac{5}{3}, \dfrac{13}{15}, \dfrac{2}{14}, \dfrac{8}{4}, \dfrac{10}{2}$

c) $\dfrac{3}{9}, \dfrac{5}{3}, \dfrac{13}{15}, \dfrac{2}{14}$

61. Las fracciones $\dfrac{8}{9}, \dfrac{12}{24}, \dfrac{1}{5}, \dfrac{6}{48}$ **, reducidas a mínimo común denominador son:**

a) $\dfrac{19}{86}, \dfrac{15}{86}, \dfrac{26}{86}, \dfrac{21}{86}$

b) $\dfrac{384}{48}, \dfrac{48}{48}, \dfrac{576}{48}, \dfrac{288}{48}$

c) $\dfrac{640}{720}, \dfrac{360}{720}, \dfrac{144}{720}, \dfrac{90}{720}$

62. El resultado de la siguiente expresión es:

$$\frac{5}{4} + \frac{3}{4} + \frac{2}{4} - \left(\frac{1}{4} + \frac{1}{4}\right)$$

a) 2

b) $\dfrac{7}{4}$

c) $\dfrac{1}{4}$

63. ¿Qué fracciones son mayores que $\dfrac{2}{3}$ y menores que $\dfrac{4}{3}$?

a) $\dfrac{93}{52}, \dfrac{15}{8}, \dfrac{20}{14}$

b) $\dfrac{9}{13}, \dfrac{6}{7}, \dfrac{10}{9}$

c) $\dfrac{3}{32}, \dfrac{7}{44}, \dfrac{4}{29}$

64. Reducir a común denominador:

$$\frac{2}{4}, \frac{6}{9}, \frac{3}{5}, \frac{10}{20}$$

a) $\dfrac{90}{180}, \dfrac{120}{180}, \dfrac{108}{180}, \dfrac{90}{180}$

b) $\dfrac{180}{360}, \dfrac{180}{270}, \dfrac{180}{300}, \dfrac{180}{360}$

c) $\dfrac{902}{3600}, \dfrac{406}{3600}, \dfrac{723}{3600}, \dfrac{190}{3600}$

65. Manolo tiene $\dfrac{2}{3}$ **de una tableta de chocolate y le da a Jaime la mitad; ¿cuánto le queda?**

a) $\dfrac{3}{4}$

b) $\dfrac{1}{3}$

c) $\dfrac{2}{5}$

66. El valor de x en $x + \dfrac{1}{7} = \dfrac{2}{5}$ **es:**

a) $\dfrac{13}{29}$

b) $\dfrac{14}{42}$

c) $\dfrac{9}{35}$

67. Un obrero gasta $\dfrac{1}{3}$ **de lo que gana en alimentarse,** $\dfrac{1}{4}$ **en calzarse,** $\dfrac{1}{6}$ **en vestirse y le quedan 90 euros. ¿Cuál es su sueldo mensual?**

a) 360
b) 480
c) 540

68. ¿Qué suma de fracciones es realizada correctamente?

a) $\dfrac{2}{3} + \dfrac{1}{5} = \dfrac{10}{3}$

b) $\dfrac{3}{9} + \dfrac{8}{10} = \dfrac{17}{15}$

c) $\dfrac{5}{10} + \dfrac{7}{2} = \dfrac{10}{10}$

69. Un estanque está lleno hasta sus $\dfrac{5}{6}$ **partes y otro igual hasta** $\dfrac{8}{9}$ **parte y otro hasta** $\dfrac{2}{5}$ **; ¿cuál está más lleno?**

a) El segundo.
b) El primero.
c) Iguales.

70. Un obrero debe realizar un trabajo en 20 días. Después de trabajar 5, ¿qué fracción de trabajo le queda sin hacer?

a) $\dfrac{5}{8}$ partes.

b) $\dfrac{3}{4}$ partes.

c) $\dfrac{8}{6}$ partes.

71. ¿Qué valor tiene el minuendo de $\dfrac{x}{y} - \dfrac{7}{4} = 6$**?**

a) $x = 31$
b) $y = 4$
c) $x = 24$

72. ¿Qué operaciones es la realizada correctamente?

a) $\dfrac{14}{15} : \dfrac{7}{30} = \dfrac{2}{2} = 1$

b) $20 : \dfrac{2}{3} = 30$

c) $\dfrac{4}{15} : 8 = \dfrac{32}{15}$

73. En una clase de 60 alumnos queremos distribuir 1/3 de dicho alumnado en la clase A y 4/6 en la clase B. ¿Cuántos alumnos tendrá cada clase?

a) $A = 20; B = 40$
b) $A = 40; B = 20$
c) $A = 30; B = 30$

74. Una persona recibe mensualmente un sueldo de 525 euros. Habiéndosele descontado las 2/3 partes, ¿cuál es su sueldo sin descuentos?

a) 600 euros.
b) 1.083 euros.
c) 1.575 euros.

75. Una señora ha comprado 2 kg de naranjas. Cuatro de ellas se las ha comido y representaban $\dfrac{2}{5}$ del total. ¿Cuántas naranjas entrarán en 1 kg?

a) 6
b) 7
c) 5

76. De un jardín se han sembrado las $\dfrac{2}{3}$ partes y después $\dfrac{1}{2}$ de lo que quedaba. ¿Cuánto queda sin sembrar?

a) $\dfrac{2}{3}$ del jardín

b) $\dfrac{1}{9}$ del jardín

c) $\dfrac{1}{6}$ del jardín

77. Un avión tarda en ir de una ciudad a otra 6 horas; teniendo que, en un punto entre esas dos ciudades, aterrizar de emergencia habiendo sobrevolado 143 km. en $3\dfrac{1}{4}$ de horas, ¿qué distancia hay entre las ciudades?

a) 264 km
b) 320 km
c) 192 km

78. De los 1550 alumnos matriculados en un Instituto aprobaron el curso 930 alumnos. ¿Qué tanto por ciento aprobó?

a) 55,5%
b) 60%
c) 72%

79. Se han comprado 4 cajas de galletas, teniendo cada caja 23 galletas. Si quedan 72 galletas, ¿qué tanto por ciento de galletas se han comido?

a) 32,6%
b) 21,73%
c) 19,72%

80. Restar las siguientes cantidades:

8% de 3.823 – 6% de 4.250 – 9% de 10.500 – 15% de 821

a) 0,743
b) –1.017,31
c) –3.809,9

81. Multiplicar las siguientes cantidades:

25% de 5.320, 14% de 5,35 y 32% de 6.890

a) 21.963.556,16
b) 324.276,2372
c) 1.513.547,3902

82. A una fábrica de juguetes le han encargado una cierta cantidad de muñecas, de las cuales el 15% son rubias, 1.365 morenas y el resto castañas. Teniendo en cuenta que se necesitarán 7.800 ojos, ¿cuántas muñecas se encargaron y qué tanto por ciento representan las castañas?

a) 4.200 muñecas – 71,5% castañas
b) 3.900 muñecas – 50% castañas
c) 3.900 muñecas – 45% castañas.

83. El 14% de 25% de 9.710 es:

a) 129,6
b) 42,355
c) 339,85

84. El 410% de 187.910 es:

a) 770.431
b) 270.910
c) 1.590.215

85. El 19% de 24% de 15% de 319.840 es:

a) 185.507,2
b) 2.187,7056
c) 1.239.770,12

Solución al test cálculo sencillo

1. a) 35 + 27 + 29 = 91

2. a) 132

3. a) 20 + 30 + 3

4. a) 2.336.177

5. b) (5 + 10) + (7 + 9) = (5 + 5) + (5 + 7) + (8) + (2 + 0)

6. b) 53

7. b) 650 + 866 + 1.050 + 123

8. c) 585 + 907 + 8.010 + 101

9. a) 503 + 719 + 803 + 19.721 = 21.746

10. a) 15 + 8 + (9 + 13) = 8 + 7 + 6 + (9 + 3)

11. b) 1.159.521 + 7.300.027 + 328.713 + 284.888 = 9.173.149

12. a) 284.711 + 324.866 + 7.031 + 811

13. c) 10.893 + 15.709 + 18.522 + 7.590

14. c) 509.809, 16.370, 117.000

15. a) 909 + 3.607 + 893 + 5.800 + 1.203

16. c) 589

17. b) 1.025.439 + 584.756 + 6.230 + 32.659 = 1.749.084

18. a) 64,60

19. c) 112,0 + (314,7 + 0,29) + 39,0 = (0112 + 314,7) + 00,29 + 39

20. a) 3 + 75,8 + 45,72 + 809,303 = 933,8230

21. b) 25,82

22. a) 2, 2,01, 2,56, 2,7, 2,91

23. a) 0,258 + 47 + 72,00217

24. b) La primera igualdad será mayor que la segunda.

25. c) 3,27 + 5,32 + 10,63 + 321,6 + 78,5 + 0,68

26. c) 130.982

27. c) 43 + 8 − 7 − (9 − 10) − 50 = −5

28. c) 10 − 14 + 11 − 20 − (7 − 8 − 9) + 8

29. c) 6.666 − 5.067 − 807 − 301 − 186

30. b) 529 − (−7 + 9 + 314) − 115 − 113

31. a) −222 + 103 − 48 + 27 − 186

32. c) −1.888

33. b) 54

34. c) 166

35. b) 7 − (4 − 9) − 7 + (1 − 13) = − (−7 + 4) + 9 + (−7 + 1 − 13)

36. a) −4,06, −3,7, −1,5, 2,6, 4,05, 4,8

37. c) 14 × 27 × 6 × 3 = 7.804

38. b) 13 × 14 × 12 × 11 = 24.024

39. a) (a × b) × (c × d) = a × (b × c) × d

40. a) 5 (3 + 4) = (5 × 3) + (5 × 4)

41. c) 11 × 10 × 49

42. a) −676.296

43. b) $[(-1) \times (-2) \times 5](3+4) = (1 \times 2 \times 5 \times 3)(1 \times 2 \times 5 \times 4)$

44. a) 2

45. c) $14 \times 12 \times 22 \times 54 = 1.999.584$

46. b) $-[8 + 3(4+6)] - [5(3-1) - 8(4+3)]2 = -8 + 12 + 6 - (15 + 5 + 12 - 24)2$

47. a) $(8 + 9 + 3 - 9)4$

48. c) Si el dividendo es menor que el divisor, el cociente es menor que la unidad.

49. a) $7.525 : 62; 13.740 : 18$

50. b) 55.117.570

51. a) $15030,03 : 63,23$

52. a) $[[(3 \times 5) : 6] + 8(5-2)] : 2 = 13 + 0,25$

53. c) A E B D C

54. c) $[[(3+6) : (2 \times 5)] - [3(9-1)]] : 7 = [3 : (2 \times 5 \times 7)] + [6:(2 \times 5 \times 7)] - [(3 \times 9) : 7] + [(3 \times 1) : 7)]$

55. c) $3.632.687 : 169.985,87$

56. b) $3797,2466 : 2774,5$

57. a) A C B E D

58. c) $\dfrac{14}{2}, \dfrac{-24}{80}, \dfrac{15}{5}, \dfrac{6}{3}$

59. b) $\dfrac{3}{2} > \dfrac{4}{3} > \dfrac{1}{2} > \dfrac{2}{5} > \dfrac{1}{6}$

60. c) $\dfrac{3}{9}, \dfrac{5}{3}, \dfrac{13}{15}, \dfrac{2}{14}$

61. c) $\dfrac{640}{720}, \dfrac{360}{720}, \dfrac{144}{720}, \dfrac{90}{720}$

62. a) 2

63. b) $\dfrac{9}{13}, \dfrac{6}{7}, \dfrac{10}{9}$

64. a) $\dfrac{90}{180}, \dfrac{120}{180}, \dfrac{108}{180}, \dfrac{90}{180}$

65. b) $\dfrac{1}{3}$

66. c) $\dfrac{9}{35}$

67. a) 360

68. b) $\dfrac{3}{9} + \dfrac{8}{10} = \dfrac{17}{15}$

69. a) El segundo.

70. b) $\dfrac{3}{4}$ partes.

71. a) x = 31

72. b) $20 : \dfrac{2}{3} = 30$

73. a) A = 20; B = 40

74. c) 1.575 euros.

75. c) 5

76. c) $\dfrac{1}{6}$ del jardín

77. a) 264 km

78. b) 60%

79. b) 21,73%

80. b) −1.017,31

81. a) 21.963.556,16

82. b) 3.900 muñecas – 50% castañas

83. c) 339,85

84. a) 770.431

85. b) 2.187,7056

Cómo acceder al Curso

Auxiliar de Servicios
Test del temario

El uso de los códigos **es exclusivo de los compradores de los productos de Editorial MAD**. Cada producto posee un código único y de un solo uso. Es personal e intransferible y da acceso a servicios y contenidos adicionales. Editorial MAD se reserva el derecho de hacer cuantas comprobaciones sean necesarias para identificar al legítimo poseedor del código y dejar de dar servicio a quien haga uso fraudulento del mismo, además de emprender cuantas acciones legales estime oportunas según la legislación vigente.

Deberás acceder a:

mad.es/registro-campus

Si una vez aceptadas las condiciones de uso del Campus decides hacer uso del mismo, necesitarás del siguiente código de acceso junto con los códigos del resto de títulos que se exigen (si fuera el caso):

1S3DE5VBYJ